村上英吾　*Murakami Eigo*

井尻直彦　*Ijiri Naohiko*

大澤秀雄　*Osawa Hideo*

経済分析入門

梓出版社

はじめに

本書の目的

　本書の目的は、経済学部1年生程度の経済学初学者に、データ分析の基礎を実習形式で学ぶことを通じて、データ分析の楽しさ、面白さを知ってもらうことである。

　大学で経済学を学ぶためには、ある程度のデータ分析力が必要である。自らデータ分析をすることはないとしても、データ分析の結果を読む力は必要であるし、経済学の応用科目を学ぶときはもちろんのこと、ニュースや新聞報道を理解する上でも、統計分析の読み方を知っている必要がある。さらに、就職して企業や行政で働くうえでも、また良き市民として国や地方自治体の政策を評価するうえでも、データ分析力は必要である。

　しかし、社会・経済問題には関心があるけれど、数学は苦手で統計数値を扱うのに慣れていないという学生が少なくない。数学が苦手な学生にとって、統計学や計量経済学を学ぶことは少し敷居が高いかもしれない。そこで、統計の基礎的な理論や専門的な分析手法を学ぶ前に、データ分析を体験することで苦手意識を克服してもらいたい。分析は一般的なPCと汎用的な表計算ソフトを使えば簡単にできるので、分析の手順や結果の読み方を学ぶだけで良い。本書の内容を活用できるようになったら、より専門的な学習にステップアップしてほしい。

本書の特徴

　以上のような目的から、本書は数学が苦手な学生、統計学や経済理論の知識がない学生でも学べる内容となっている。ただし、統計データを扱うので、簡単な数学（＋－×÷）は必要である。また、PCを使って実習をするので、マウス操作、日本語入力、ファイルの保存など、ある程度PCが使えることを前提としている。

i

本書は経済分析を実習形式で学ぶことを目的としているので、項目ごとの練習問題のほか、章末に課題を用意した。これらの問題や課題に取り組むことで、本文で学んだ分析の手順や結果の表現方法、文書での記述方法などを復習できるようになっている。

本書に取り組むためには数学や統計学の基礎的な知識を必要としないとはいえ、数式の意味を理解したいという読者のために、簡単な統計注を用意した。数学が苦手ではない、統計的な基礎理論も学びたいという場合は、ぜひこちらも参考にしてほしい。

また、本書では、ところどころに表計算ソフトの使い方や経済分析に関する豆知識を盛り込んだ。経済分析を進める上で必ず必要というわけではないが、知っておくと作業の効率が高まったり、本書の内容をよりよく理解できるので、余裕があれば参照してほしい。

使用するデータについて

実習形式のテキストでは練習用に作られたダミー・データを使っている場合が多いように思われるが、本書の練習問題や章末課題で使用するデータはすべて政府の Web ページ等でダウンロードできる公的統計を用いている。したがって、読者は本書の課題に取り組むことにより、現実の日本経済を分析することになる。

データファイルは以下のページからダウンロードできる。また、最新の統計に更新したデータも適宜アップしていく予定である。ご活用いただきたい。

http://murasemi.com/eco-analysis/

謝辞

本書は日本大学経済学部における「経済分析入門」の講義レジュメがもとになっている。講義を担当してくださった講師の先生方や受講学生のみなさんからは、誤植の指摘や数多くの有益なコメントをいただいた。この場を借りてお礼申し上げたい。

目　次

はじめに i
- 本書の目的 i
- 本書の特徴 i
- 使用するデータについて ii
- 謝辞 ii

1　Excel の基本操作 1
1) 各部の名称 1
2) データの入力と編集 2
3) 数値の計算 3
　① 数式を入力する 3
　② セル番地を使った数式を入力する 4
　③ 関数を使って計算する 5
4) 比率の計算と絶対セル参照 6
5) 第 1 章の課題 9

2　データ特性の表し方 (基本統計量) 11
1) さまざまな統計データ 11
2) さまざまな統計値 12
　① 中心の特性値 12
　② ばらつきの特性値 17
3) 第 2 章の課題 20
4) 統計学からの補足 20

iii

3 時系列データの分析 23

1) 時系列データとは 23
2) 図表付き分析レポートの作成 24
3) 時系列データの分析 28
4) 第 3 章の課題 38

4 多変数データの関係 39

1) 多変数データと散布図 39
2) 相関係数 41
3) 散布図を利用したデータの分類 42
4) 第 4 章の課題 44
5) 統計学からの補足 45

5 単回帰分析 49

1) 回帰分析とは何か 49
2) Excel による回帰分析 51
3) 分析結果の読み方 53
4) 第 5 章の課題 55
5) 統計学からの補足 56

6 重回帰分析 57

1) 重回帰分析とは 57
2) 2 次関数による回帰分析 57
3) ダミー変数 60
4) 重回帰分析をする際の注意点 63
5) 第 6 章の課題 67
6) 統計学からの補足 68

7 社会調査の基礎 69

1) 社会調査とは **69**

2) 経済分析と社会調査 **70**

3) 社会調査をする際の注意 **70**
- ① 個人情報の保護や機密の保持 70
- ② 説明責任とハラスメント回避 70
- ③ 調査結果の尊重 71
- ④ データのねつ造・盗用 71

4) 調査票調査の進め方 **72**
- ① 研究課題の明確化と作業仮説の設定 72
- ② 調査の企画 73

5) 調査票の作成 **76**
- ① 調査方法と質問の分量 77
- ② ワーディング 77
- ③ 選択肢の設定 80
- ④ 調査票全体への配慮 82
- ⑤ 予備調査とプリテスト 82

6) 第 7 章の課題 **83**

8 アンケート調査の集計と分析 85

1) 調査票の回収とデータの入力およびチェック **85**
- ① 調査票の回収とチェック 85
- ② データの入力 86
- ③ データのクリーニング 87

2) データの集計 **88**

3) 集計結果の検定 **93**

4) 第 8 章の課題 **95**

5) 統計学からの補足 **95**

1. Excel の基本操作

1) 各部の名称

　本書で使用するのは Excel 2016 for Windows である。使用するバージョン
が異なると画面や操作方法も異なることがあるので注意する必要がある。

　図 1-1 は Excel の画面の各部の名称を示している。本書で操作方法を説明す
る際にこの名称を使うので、必ず覚えてほしい。

図 1-1 Excel の画面各部の名称

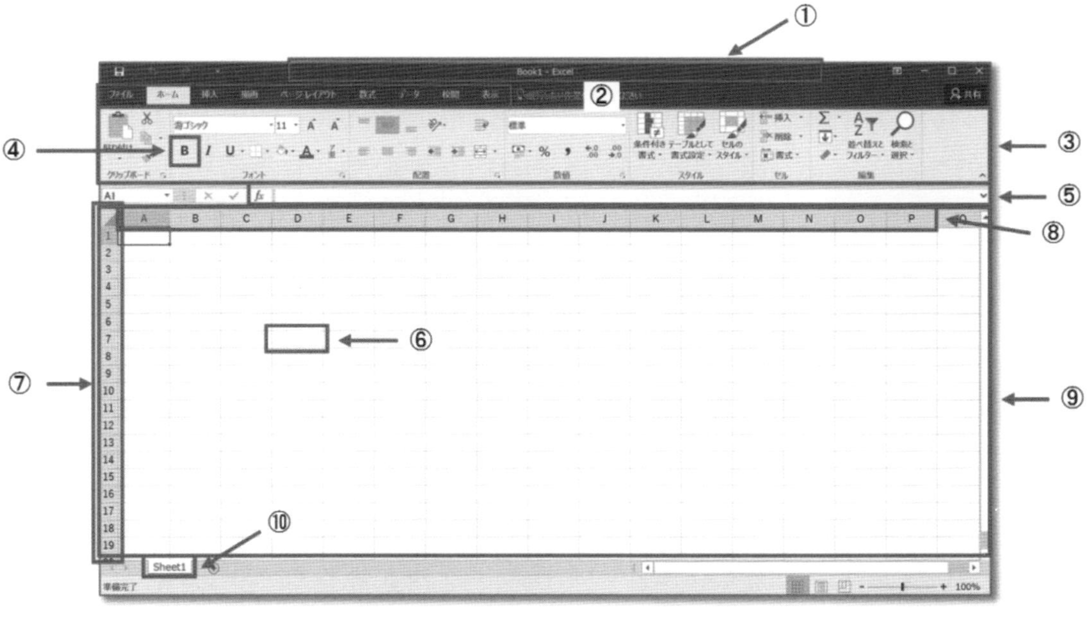

①	タイトルバー	⑥	セル
②	タブ	⑦	行番号
③	リボン	⑧	列番号
④	コマンドボタン(ボタン)	⑨	ワークシート
⑤	数式バー	⑩	シート見出し

1. Excel の基本操作

2) データの入力と編集

Excel は表計算ソフトとよばれるとおり、表形式のワークシートにデータを入力して計算や分析を行う。ワークシートのマスひとつひとつを**セル**（小部屋とか細胞という意味）と呼ぶ。セルの位置は**セル番地**で表す。セル番地は列番号＋行番号で表す。たとえば、ワークシートの左上のセルは A1 番地となる。セルをクリックするとセルの周りが太い線で囲まれる（図 1-2）。これをセルが**アクティブな状態**という。アクティブな状態のセルを**アクティブ・セル**という。この状態でキー入力をすると、アクティブ・セルに文字が入力できる。

図 1-2 アクティブ・セル

	A	B	C	D	E	F	
1							
2							
3							
4							
5							
6							
7							

┌─ 豆知識 ─
セルにデータを入力するときに、日本語を入力する場合は日本語入力を ON にし、数値を入力する場合は日本語入力を OFF にしよう。

A1 セルに数値の 10 を入力してみよう。日本語入力を OFF にして、キーボードから 10 をタイプすると、セルの中にカーソルが現れる (図 1-3)。この状態を**編集可能状態**という。数値を入力して Enter キーをタイプすると、セルの中の数値が自動的に**右揃え**になり、アクティブ・セルが下 (A2 番地) に移動する。なお、文字を入力すると**左揃え**となる。

入力ミスをしてしまった場合、アクティブ・セルを A1 に移動し、文字をタイプし直すと**文字が上書きされる**。文字を部分的に修正したい場合は、**F2 キー**をタイプすると編集可能状態となり、矢印キーが使用可能になるので、修正し

たい箇所に移動して文字や数値を編集し、Enter キーで確定する。

図 1-3 文字の入力

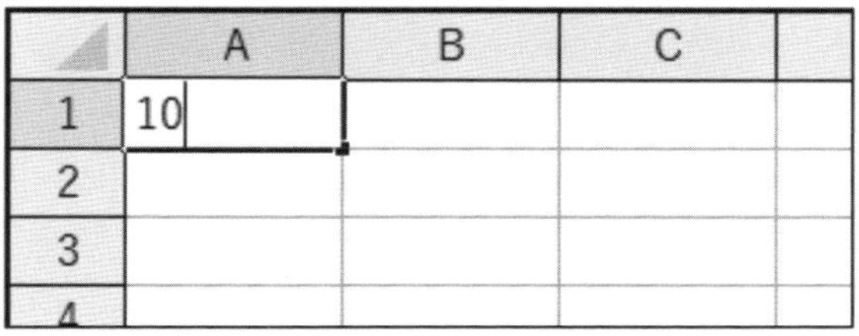

	A	B	C	
1	10			
2				
3				
4				

練習問題 1.1

下表の通りデータを入力してみよう。

	A	B	C	D
1	学生番号	(番号を入力)		
2	氏名	(氏名を入力)		
3				
4	300			
5	500			
6	700			
7				

3) 数値の計算

Excel は**表計算ソフト**といわれるように、ワークシートを使って計算するためのソフトウェアである。計算するには ① 数式を入力する方法、② セル番地を使って数式を入力する方法、③ 関数を入力する方法がある。

① 数式を入力する

以下の手順で「300＋500＋700」を計算し、結果を A7 セルに表示してみよう。

・A7 をアクティブにする

1. Excel の基本操作

- 日本語入力を OFF にして、= 300 + 500 + 700 と入力し、Enter キーをタイプする
- A7 に計算結果が「1500」と表示される

A7 をアクティブにして数式バーを確認すると (図 1-4)、入力した数式が表示される。これがセルの中身である。このように、Excel は**セルの中身と表示が異なる場合がある**ことを理解しよう。

図 1-4 数式バー

足し算と同様に、引き算、かけ算、割り算、べき乗は以下の記号を用いる。

計算	記号 (読み方)	式の例	例の答え
足し算	＋ (プラス)	＝ 3 + 2	5
引き算	－ (マイナス)	＝ 3 − 2	1
かけ算	＊ (アスタリスク)	＝ 3 * 2	6
割り算	／ (スラッシュ)	＝ 3 / 2	1.5
べき乗	＾ (ハット)	＝ 3 ^ 2	9

② **セル番地を使った数式を入力する**

数式による計算より便利な方法が、セル番地を使った数式による計算である。こちらの方が Excel らしい計算方法といえる。以下の手順で数式を入力してみよう。

- A7 をアクティブにする
- 日本語入力を OFF にして、「＝」をタイプする
- A4 セルをクリックし、「＋」をタイプする
- A5 セルをクリックし、「＋」をタイプする
- A6 セルをクリックし、Enter をタイプする
- A7 に計算結果が「1500」と表示される

A7 をアクティブにして数式バーを見ると「=A4+A5+A6」となっていることが確認できる。これは、「セル A7 の内容は A4、A5、A6 に入力されている数値を加えた結果とする」ということを意味している。

このように、数式を入力する時にセルの内容をセル番地で指定することを**セル参照**という。ここで、セル A4 の内容を 300 から 500 に修正してみよう。すると、A7 が 1700 に変わる。セル参照を使って計算すると、セルの値が変化したらそれがすぐに計算結果に反映される。

③ 関数を使って計算する

Excel には、よく使う計算が**ワークシート関数**として組み込まれている。数値を合計する場合は sum 関数を使う。以下の手順でセル A4 から A6 の数値を合計する関数を入力してみよう。

a) 関数を入力する方法
- A8 をアクティブにする
- 日本語入力を OFF にして、「=sum(」とタイプする
- マウスで A4 から A6 をドラッグし、キーボードから「)」をタイプし、Enter をタイプする
- A8 に計算結果が「1700」と表示される

b) コマンドボタンを使う方法
- A8 をアクティブにする
- 「ホーム」タブの右方にあるオート SUM ボタン（図 1-5）をクリックすると自動的に関数が入力されるので、Enter をタイプする

図 1-5 オートＳＵＭ ボタン

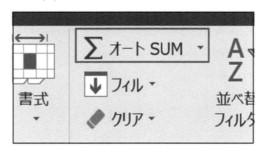

1. Excel の基本操作

（オート SUM を実行すると連続するセルが自動的に認識されるが、セル参照の範囲が正しくない場合は、マウスで正しい範囲をドラッグして指定し直す）

- どちらの方法を使っても、セル A8 には「=sum(A4:A6)」が入力される。セル番地の範囲を指定する場合は、番地と番地を「:」（コロン）でつなげる。

4) 比率の計算と絶対セル参照

足し算の他によく使うのが比率の計算である。1950、1980、2015 年の日本の人口データから、以下の手順で年齢階層別の構成比を計算してみよう。

	A	B	C	D	E	F	G
1	人口構成の推移			単位:千人			単位：%
2		1950年	1980年	2015年	1950年	1980年	2015年
3	年少人口(15 歳未満)	29786	27507	16096			
4	生産年齢人口(15〜39歳)	33070	45128	34413			
5	（40〜64歳）	17099	33707	42573			
6	老年人口(65歳以上)	4155	10647	33732			
7	総人口						

豆知識

表の左側の項目名が書かれた部分（上表では年齢階層が書かれた部分）を表側（ひょうそく）、上側の項目名が書かれた部分（上表では年次が書かれた部分）を表頭（ひょうとう）と呼ぶ。

総人口を計算する

- 新規シートを開き、上表の通りデータを入力する（罫線は後で引くので文字と数値だけ）

- B7 をアクティブにする

- オート SUM ボタンを使ってセル B3 から B6 を合計し、1950 年の総人口を計算する

・B7 をアクティブにし、セルの外枠の右下にある四角いフィル・ハンドル (図 1-6) を D7 までドラッグする

・B7 の数式が右方向にコピーされる (数式バーでセル C7、D7 の内容を確認する)

数式の入力されたセルを右方向にコピーすると、C7 (=SUM(C3:C6)) や D7 (=SUM(D3:D6)) のようにセル番地が右方向にずれていることがわかる。このように、式をコピーした時にセル番地もコピーした方向に変化するような参照方法を相対セル参照という。

図 1-6 フィル・ハンドル

A	B	C
)推移		
	1950年	1980年
15歳未満)	29786	2750
人口(15〜39歳)	33070	4512
(40〜64歳)	17099	3307
65歳以上)	4155	1064
	84110	

豆知識

セルの入力が終わった時に $\boxed{\text{Enter}}$ ではなく $\boxed{\text{Tab}}$ をタイプすると、入力が確定し、アクティブ・セルは右に移動する。さらに、行末で $\boxed{\text{Enter}}$ をタイプすると、アクティブ・セルは次の行の先頭に移動する。

数値の桁が大きくなると読みにくいので、3桁ごとにカンマで区切って読みやすくしよう。エクセルでは、セル内のデータは変えずに、その見え方を表示形式で設定する。表示形式には、「桁区切りスタイル」のほかに「パーセント・スタイル」「小数点の桁数」「負の数のスタイル」「通貨スタイル」「日付スタイル」「時刻スタイル」などがある。

桁区切りを表示させる

・B3 から D7 までをドラッグして選択状態にする

1. Excel の基本操作

・桁区切りボタン（図 1-7）をクリックする (数式バーでセルの内容と表示形式の違いを確認する)

図 1-7 桁区切りボタン

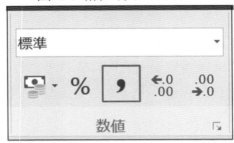

構成比を計算する

・日本語入力を OFF にする

・E3 をアクティブにし、「＝」をタイプ、B3 をクリック、「／」をタイプ、B7 をクリックして、Enter をタイプする

・結果が「0.354131494」と表示される

> **豆知識**
>
> やや広い範囲のセルを選択するときは、選択範囲の左上のセルをアクティブにし、Shift キーを押したまま選択範囲の右下のセルをクリックすればよい。
> 　また、選択範囲の左上をアクティブにしてから、Shift + Ctrl を同時に押しながら → キーをタイプするとデータの右端まで、さらに ↓ キーで下端まで選択できる。

数式のコピー

　E4 から E7 までは同様の操作をすればよいので、E3 の数式を下方向にコピーしてみよう。すると「#DIV/0!」と表示される。これは、数値をゼロで割ったというエラーメッセージである。

　数式バーで E4 の数式を確認してみると、本来「=B4/B7」と入力すべきであるが、「=B4/B8」となっている。相対セル参照をしているため、分母のセル番地が下方向にずれてしまったためである。

1. Excel の基本操作

このように、数式をコピーする際にセル番地を固定したい場合がある。このときは以下のように**絶対セル参照**を使う。

- E3 をアクティブにし、「＝」をタイプ、B3 をクリック、「／」をタイプ、B7 をクリックして、F4 キーを 2 回タイプし（セル番地が「B$7」となる）、 Enter をタイプする

- 結果は同様に「0.354131494」と表示される

- E3 の数式を E7 までコピーすると、結果が正しく表示される

- 同様に、数式を F3 から G7 までコピーする

このように、セル番地の行番号や列番号の前にドル記号「$」がついていると、数式をコピーしても番地が固定される。

パーセント表示にする

- E3 から G7 を選択状態にし、パーセント・スタイル・ボタンをクリックする。桁下げボタンをクリックして小数点第 1 位まで表示させる

最後に罫線を引いて表を見栄え良く完成させよう。

5) 第 1 章の課題

「雇用形態別被雇用者数」のデータを使って、以下の通り各年の被雇用者の雇用形態別構成比を計算しよう。

- A15 に「被雇用者の雇用形態別構成比」と入力する

- 上の表と同じように表頭、表側を入力する

- 絶対セル参照、相対セル参照を使い分けて、「雇用者（役員を除く）」を 100％ とし、その内訳の構成比を計算する式を入力し、式をコピーして表を完成させる

- 上の表と同じように「単位：％」を入力する

1. Excel の基本操作

・数値の表示形式はパーセント・スタイルとし、小数点第 1 位まで表示させる

・罫線を引き、見栄えを整える

・「課題 1」というファイル名で保存する

・計算結果から、近年の雇用形態の動向について考察しよう

2. データ特性の表し方(基本統計量)

1) さまざまな統計データ

統計データとは

　経済の動向を把握し、その背後にあるメカニズムを理解したり、問題を克服する政策を考えるためには、経済データを分析する必要がある。経済分析で使用する統計データには、次のような特徴がある (田中 [2009] p.2)。

① 数字または文字の並びであり、変動的である

② 現実の集団現象や集団の構成メンバー（国民、企業、地域など）の特性を観測・計測・調査した結果である

データの種類

　統計データは単なる数字や文字の集まりではなく、集団の特性に関する変動する要因 (変数) を計測したものである。このうち、人口や売上、利益、賃金のように数値で表せるデータを**量的データ**といい、それ以外のデータを**質的データ**という。

　経済データの計測形態は、大きく**時系列データ (タイム・シリーズ・データ)**と**横断面データ (クロス・セクション・データ)** の 2 つの種類に分けることができる。時系列データは、時間の経過とともに計測されるデータ、横断面データは同一期間内に計測されたデータである。たとえば、2015 年の地域別の失業率のデータは横断面データであり、2000 年から 2015 年までの北海道の失業率データは時系列データである。表 2-1 は地域別失業率の推移を示しているので、横断面・時系列データである。

2. データ特性の表し方

表 2-1: 時系列データと横断面データ

	北海道	東北	南関東	北関東・甲信	北陸	東海	近畿	中国	四国	九州・沖縄
2000	5.5	4.4	4.8	3.8	3.6	3.7	5.9	3.9	4.1	5.4
2001	5.9	5.0	4.9	4.1	3.9	4.1	6.3	4.2	5.1	5.6
2002	6.0	5.9	5.4	4.4	4.0	4.1	6.7	4.3	5.2	6.1
2003	6.7	5.6	5.1	4.6	4.0	4.0	6.6	4.3	4.8	5.9
2004	5.7	5.4	4.6	4.1	3.7	3.5	5.6	4.3	4.9	5.5
2005	5.3	5.0	4.3	3.7	3.3	3.2	5.2	3.8	4.3	5.3
2006	5.4	4.8	4.0	3.5	3.4	3.0	5.0	3.5	3.9	5.0
2007	5.0	4.7	3.6	3.2	3.4	2.7	4.4	3.6	3.9	4.7
2008	5.1	4.7	3.8	3.5	3.4	2.9	4.5	3.6	4.5	4.6
2009	5.5	6.0	4.8	4.7	4.5	4.6	5.7	4.7	5.0	5.4
2010	5.1	5.7	5.1	4.7	4.2	4.1	5.9	4.2	4.5	5.7
2011	5.2	5.3	4.6	4.4	3.9	3.7	5.0	3.7	4.6	5.2
2012	5.2	4.5	4.4	3.7	3.5	3.5	5.1	3.7	4.2	4.8
2013	4.6	4.0	4.1	3.8	3.4	3.3	4.4	3.8	3.8	5.1
2014	4.1	3.6	3.5	3.2	3.1	2.8	4.1	3.3	3.6	4.8
2015	3.4	3.6	3.3	3.2	2.7	2.6	3.8	3.2	3.2	4.5

出所：総務省統計局「労働力調査」
注: 2013 年以降の九州・沖縄の値は単純平均値

2) さまざまな統計値

たくさんの数値や文字が並んでいる統計データ全体に含まれる情報や特性を知るために、さまざまな統計値が使われている。そのなかで基本的なものは、**中心の特性値**と**ばらつきの特性値**である。

① 中心の特性値

統計データは、多くの数値や文字列の並びであり、多数のままではその特性を把握しにくいが、データの並びを代表するような数値があれば把握しやすくなる。このような計算をデータの**縮約**と呼び、縮約によって得られた値を**特性値**と呼ぶ。

平均 (average)

量的データを縮約するために最も頻繁に使われるのが算術平均、あるいは単に平均と呼ばれる特性値である。平均はデータの合計をデータの個数で割って求める。

$$\text{平均}(\bar{x}) = \frac{\text{データの合計}}{\text{データの個数}}$$

練習問題 2.1

「地域別失業率」のデータを使って、以下の手順で全国 10 地域の平均失業率を計算してみよう。

a) 数式による計算

- L3 に「全国平均」と入力する
- L4 をアクティブにし、オート SUM ボタンをクリックする。データ範囲がおかしいので、マウスでデータ範囲を「B4:K4」に修正する
- F2 キーをタイプして編集可能状態にし、カーソルを行末に移動し、「/10」と入力し、Enter をタイプする

b) 関数による計算

- L4 をアクティブにし、オート SUM ボタンの脇にある ▼ をクリックして「平均」を選択する
- マウスでデータ範囲を「B4:K4」に修正し、Enter をタイプする
- L4 をアクティブにして、フィル・ハンドルをダブルクリックし、数式をコピーする

2. データ特性の表し方

平均のウソ

平均は、平均点、平均身長、平均所得などよく使われる特性値であるが、極端に大きな数値や小さな数値に影響を受けやすく、データの中心を的確に表さないことがある。たとえば、次の図のようにある試験で1点が10人、2点が5人、10点が5人の場合、平均点は3.5点であるが、これが回答者の分布特性を的確に示しているとは言い難い。

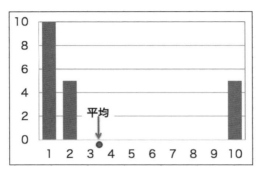

下の表のB社は、10年未満、10年以上ともにA社よりも平均月給が高い。しかし、社員全体の平均月給を計算すると、A社の方が高くなる。このことをもってA社の月収が高いというのは妥当ではない。

勤続年数	A 社 平均月給	人数	B 社 平均月給	人数
10 年未満	26 万円	50	30 万円	100
10 年以上	48 万円	150	50 万円	100
全体	42.5 万円	200	40 万円	200

(田中 [2009] pp.13-14)

このように、平均値が集団の誤った特性を示してしまうことを平均のウソという。平均値を使用したり、平均に関する記述を読むときは、平均のウソがないかどうか注意する必要がある。

中央値 (median)

量的データを小さい順に並べたとき、中央に位置するデータの値を**中央値**(メディアン) という。データの数が偶数の場合は、中央の2つの平均とする。たとえば、以下のような6つのデータの場合、平均値は外れ値である90の影響

を受けて 20 となり、中央値は 6 と 7 の平均で 6.5 となる。この場合の中央値は平均値と違い、データの中央を的確に示していることがわかる。

$$\downarrow$$
$$4 \quad 5 \quad 6 \quad 7 \quad 8 \quad 90$$

　データの分布に偏りがある場合、中心を表す特性値としては平均よりも中央値が適している。たとえば、所得や貯蓄などは、一部の人が極端に高い所得や貯蓄を持っているので、一般に考えられる中所得階層に比べて平均が高めに出る傾向がある。そこで、所得階層の中心を表すには中央値を用いる方が適切である。なお、データの分布が左右対称であれば、平均と中央値は一致する。

練習問題 2.2

　「地域別失業率」のデータを使って、M 列に毎年の地域別失業率の中央値を計算してみよう。中央値を計算するワークシート関数は「=MEDIAN(データ範囲)」である。

最頻値 (mode)

　データの中で最も頻度が高い値を**最頻値** (モード) という。モードは平均や中央値と異なり、質的データにも適用できる。たとえば、ラーメン屋の 1 年間の売上に関するデータで、醤油、塩、味噌、とんこつのうち、味噌ラーメンを注文した人が最も多ければ、モードは味噌ラーメンである。味噌と醤油が同数であれば、モードは 2 つになる。連続的な値を取る量的データの場合は、**度数分布表**において最大度数を持つ階級の中点を最頻値という。

練習問題 2.3

　「地域別失業率」のデータを使って、以下の手順で 2015 年の失業率の度数分布表を作成し、最頻値を計算してみよう。2015 年の地域別失業率は、東海の 2.6 から九州・沖縄の 4.5 まで分布しているので、2.0 から 0.5 刻みの度数分布表を作る。

- 新しいシートを作成し（シート見出しを右クリックし、[挿入] ー [ワークシート]）、シート名をダブルクリックして「度数分布表」と入力し、Enter をタイプする

2. データ特性の表し方

・A2 に 2、A3 に 2.5 を入力し、A2 と A3 を選択状態にするフィル・ハンドルを下方向に A8 までドラッグする。これが度数分布の区間を示す「区間配列」となる

・B1 に「度数」と入力する

・B2 がアクティブな状態で、オート SUM ボタンの脇の ▼ をクリックして「その他の関数」を選択する「関数の分類」を統計にし、FREQUENCY 関数を選択して「OK」ボタンをクリックする

・「データ配列」は「地域別失業率」シートの 2015 年のデータを選択すると「地域別失業率!B34:K34」と入力される

・ [Tab] キーをタイプし、「区間配列」に移動し、A2 から A8 をドラッグすると「A2:A8」と入力されるので、[Enter] をタイプして入力を確定させる

・B2 から B8 を選択状態にし、F2 をタイプすると B2 が編集可能状態になるので、そのまま [Ctrl]+[Shift] を押さえながら [Enter] をタイプする

この結果、3.0 より大 3.5 以下の区間が最も度数が高いことがわかった。したがって、モードは

$$\frac{3.0 + 3.5}{2} = 3.25$$

となる。モードは区間の取り方によっても変わってくるうえ、複数存在することもあり、すべての区間で同じ度数となりモードが中心の特性値として意味をなさないこともある。

豆知識

FREQUENCY 関数を探すときは、「関数の分類」を「統計」にしてから、FR と続けてタイプするとすぐに見つけることができる。

練習問題 2.4

作成した度数分布表をもとに、ヒストグラム（度数分布図）を作ってみよう。

・「度数分布表」シートの A1 から B8 までを選択状態にする

16

- 「挿入」タブの「グラフ」グループの「縦棒グラフの挿入」ボタンをクリックし「2-D 縦棒 (集合縦棒)」を選択する

図 2-1 ヒストグラム

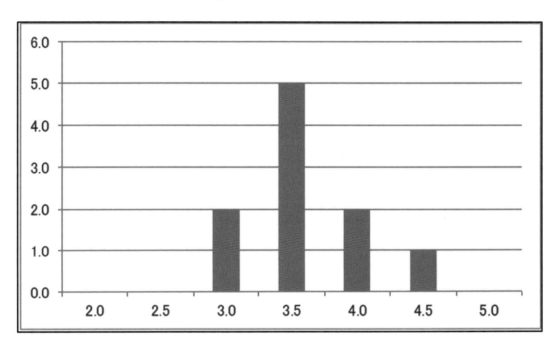

② ばらつきの特性値

　量的データでは、中心の特性値とともに、データのばらつき、あるいは散らばりの程度が、データを縮約するうえで重要な特性値となる。

範囲 (range)

　データのばらつきを示す最も単純な指標が範囲である。範囲はデータの最大値と最小値の差で表される。データの範囲は、異常値の影響を受けやすいため、データの特性値としては適切ではないが、度数分布表を作成するのに必要な指標である。

2. データ特性の表し方

練習問題 2.5

「地域別失業率」のデータを使って、N 列に毎年の失業率の範囲を計算してみよう。最大値、最小値を計算するワークシート関数はそれぞれ「=MAX(データ範囲)」、「=MIN(データ範囲)」である。

分散 (variance)

データがデータ全体の平均からどれだけ散らばっているかを示す指標として、分散が用いられることがある。次式の通り、各データと平均との差を 2 乗した値を合計し、データの個数マイナス 1 で割った値と定義される。各データと平均との差を 2 乗しているため、データの測定単位と分散の単位が異なる点に注意する必要がある。

$$分散 = \frac{\sum(各データ - 平均)^2}{データの個数 - 1}$$

標準偏差 (standard deviation)

平均のまわりのばらつきを測る代表的な特性値が標準偏差である。標準偏差は次式の通り分散の平方根 (ルート) と定義される。2 乗した値の平方根であり、データの測定単位と等しくなるので、ばらつきの指標としてより適切である。

$$標準偏差 = \sqrt{分散} = \sqrt{\frac{\sum(各データ - 平均)^2}{データの個数 - 1}}$$

練習問題 2.6

「地域別失業率」のデータを使って、2015 年の地域別失業率の標準偏差を以下の手順で計算してみよう。

a) 数式による計算

- 新しいシートを作成し、シート名をダブルクリックして「標準偏差」と入力し、$\boxed{\text{Enter}}$ をタイプする

- 「地域別失業率」シートの表頭を「標準偏差」シートの 2 行目にコピーする

・B3 に「地域別失業率」シートの 2015 年の北海道のデータと全国平均の差を 2 乗した値を計算する

　このとき平均を絶対セル参照にする

　B3 の式は「=(地域別失業率!B34− 地域別失業率!$L$34)^2」となる

・B3 の式を K3 までコピーする

・L3 に B3 から K3 間での合計を 9 (=10 地域 −1) で割り、その平方根を計算する

　平方根を計算する Excel のワークシート関数は「=SQRT(データ)」である

　L3 の式は「=SQRT(SUM(B3:K3)/9」となる

b) 関数を使った計算

・ Excel には標準偏差を計算する関数が組み込まれているので、これを使うと簡単に計算できる「標準偏差」シートの M3 に関数を使って標準偏差を計算し、L3 と同じ値になっているかどうか確認してみよう標準偏差を計算するワークシート関数は「=STDEV.S(データ範囲)」である

┌─ 豆知識 ────────────────────────
│
│　各データから平均を差し引き、標準偏差で割ると、データは平均0、標準偏差1となる。このような変換をデータの標準化という。標準化されたデータは、測定単位に依存しないデータとなる。いわゆる偏差値は、平均50、標準偏差10となるよう標準化した値である。
│
└───────────────────────────────

変動係数

　標準偏差は、測定単位に応じて変化する。そのため、たとえば生産額を 1,000 万円単位で表示した場合は 1 億円単位の標準偏差の 10 倍となり、ばらつきが大きいような印象を与えてしまう。また、平均が大きいほど標準偏差は大きくなる。そこで、測定単位に依存しないよう変換した特性値として変動係数が使われる。ただし、変動係数は一般に平均が正のデータの場合に使われる。

$$変動係数 = \frac{標準偏差}{平均}$$

2. データ特性の表し方

練習問題 2.7

「地域別失業率」のデータを使って、O 列に毎年の標準偏差を、P 列に毎年の変動係数を計算しよう。標準偏差と変動係数の推移を表す折れ線グラフを作成し、失業率のばらつきが 1985 年以降どのように変化したのかを観察してみよう。

3) 第 2 章の課題

「家計消費支出」のデータを使って、支出項目別に年齢階層全体の平均、中央値、範囲、標準偏差、変動係数を計算しよう。

- ・数値の表示形式は桁区切りスタイルとし、小数点第 1 位まで表示させる

- ・「家計消費支出」シートを「課題 2」というファイル名で保存する

- ・分析結果から、どのようなことがわかるかを考察してみよう

4) 統計学からの補足

母集団 (population)

統計データが収集されたもとの集団を**母集団**という。これは統計分析の対象となる全体であり、通常非常に膨大なものである。その一部である統計データは母集団から任意に得られたもの (**任意標本**) で、母集団の情報を代表するものと捉えられる。その情報を精度高く取り出すことが統計分析の役割といえる。

母集団には質的なものと量的なものがあり、前者からは質的データが、後者からは量的データが収集される。本章で学んだ統計値は主に量的母集団に対するものである。量的母集団の中心的な位置を表す代表的な特性量が**母平均**であり、ばらつきの程度を表す特性量が**母分散**と**母標準偏差**である。これらの値も含め、母集団の特性量を推測することが統計分析において求められる。

推定量 (estimator)

母集団の特性量に使われる統計値は**不偏性**と呼ばれる性質をもつことが必要である。不偏推定量は、その平均が対象となる特性量に一致するもので、この性質が推定として使われる根拠となる。

・本章 2) ① で定義された平均は**標本平均**とも呼ばれ、**母平均の不偏推定量**である

これは標本平均の平均が母平均に一致するという性質に基づく

・本章 2) ② で定義された分散は**不偏分散**とも呼ばれ、**母分散の不偏推定量**である

これも不偏分散の平均が母分散に一致するという性質に基づく

・分散の定義で使われた $\sum(各データ - 平均)^2$ を**変動**という

変動はデータのばらつきを示す基本的な統計量である

また、分散の定義式の分子 (標本数 − 1) を**自由度**と呼ぶ

一般に、変動を自由度で割ることにより母分散が推定できる

・母標準偏差は母分散をルートしたものなので、母標準偏差の推定量は不偏分散をルートして行う

・データに対する分散には不偏分散とは別に**標本分散**がある

$$標本分散 = \frac{変動}{データの個数}$$

標本分散の平均は母分散からずれるので母分散の推定量ではない。しかし、この分散も種々の分析に使われるので、いずれの分散が使われているのか、確認することが必要である。

Excel の統計関数

ここで学んだ統計値を求める関数が Excel では定義されている。それらも含めて基本的なものをまとめておこう。

 *) ここで「範囲」とは、データが入力されているセルの範囲である。

2. データ特性の表し方

Excel 関数	統計値
COUNT(範囲)	数量データの個数 　範囲内の数量データの個数 (標本数) を数え上げる
COUNTA(範囲)	質的データの個数 　範囲内の全データの個数を数え上げる 　質的、数量データともに数え上げ
AVERAGE(範囲)	平均 　範囲内の数量データの平均を出す
MEDIAN(範囲)	中央値 　範囲内の数量データの中央値を出す
MODE(範囲)	最頻値 　範囲内の数量データの最頻値を出す
DEVSQ(範囲)	変動 　範囲内の数量データの変動を出す
VAR.S(範囲)	不偏分散 　範囲内の数量データの不偏分散を出す
STDEV.S(範囲)	標準偏差 　範囲内の数量データの不偏分散に対する 　標準偏差を出す
VAR.P(範囲)	標本分散 　範囲内の数量データの標本分散を出す
STDEV.P(範囲)	標準偏差 　範囲内の数量データの標本分散に対する 　標準偏差を出す
MAX(範囲)	最大値 　範囲内の数量データの最大値を出す
MIN(範囲)	最小値 　範囲内の数量データの最小値を出す

3. 時系列データの分析

1) 時系列データとは

　経済学では、人口、物価、生産量、生産額などを年次別、月次別に調査し、その変化を分析することが多い。データが時間順に並べられたデータを時系列データと呼ぶ。

　すでに見たとおり、横断面データの特性については統計的に有効な分析手法が開発されているが、時系列データの分析は必ずしも統計学的に十分に意味づけられた分析手法は開発されていない。というのも、経済の時間的変化には、単なる数量的な関係だけでなく、質的な変化を含むことが多いからである。そのような質的変化をどのように解釈するかは、分析者の経済学的なセンスにかかってくるが、時系列データを分析する方法も開発されている。

　時系列データを分析する際は、まずそのデータを折れ線グラフにして、上昇しているのか、下落しているのか、上下に変動しているのか、その変動は規則的なのか不規則なのかなど、データの動きを観察するとよい。

練習問題 3.1
　「国内総生産」のデータを使って、B 列の「国内総生産」の変化を表す折れ線グラフを作成しよう。

豆知識

　国内総生産 (GDP : Gross Domestic Product) は、一定期間にその国で生産された付加価値の総額のこと。付加価値とは、生産活動によって生み出された価値から、生産に投入した原材料などの中間投入物の価値を差し引いたもの。

・ 「国内総生産」シートの A3 から B25 を選択状態にする

・ 「挿入」タブの「グラフ」グループの「折れ線」ボタンをクリックする

3. 時系列データの分析

- グラフタイトル「国内総生産」をクリックし、delete キーをタイプしてグラフタイトルを削除する
- 縦軸の単位を付ける。グラフ・エリアをクリックし、右上の「＋」マーク（「グラフ要素」ボタン）から「軸ラベル」の右端にある ▶ をクリックし、「第 1 縦軸」にチェックを入れる。「軸ラベル」を「(10 億円)」と変更し、レイアウトを修正する
- グラフを見やすい位置に移動させる

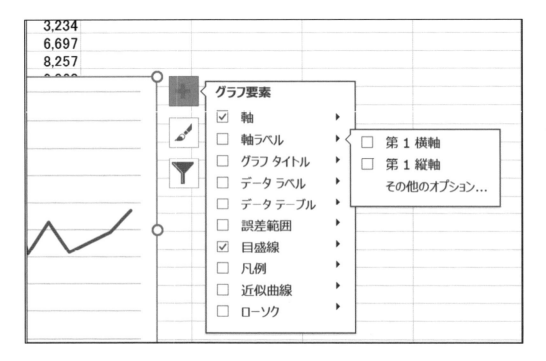

2) 図表付き分析レポートの作成

　分析結果のレポートを作成するときには、図表付きで説明すると分かりやすい。図表付きのレポートを作成する時は、以下のようなルールがある。

- 図表にはタイトルと番号を付ける。グラフの場合は図、表の場合は表ごとに通し番号を振る (グラフと表を合わせて図表として通し番号を振る場合もある)

・図表の内容について必ず本文で説明する

・原則として本文の図表に関する説明の後に図表を配置する

・グラフの下にデータの出所を以下のように記す

ex. 出所：内閣府「国民経済計算」より筆者作成

データの特徴を記述する際のポイント

グラフからデータの傾向を読み取る場合は、原則として以下のように記述するのが望ましい。

・はじめにどのグラフについて説明しているのかが分かるようにし、グラフが何について示しているのかを記す

ex.「図 1 は 1994 年以降の日本の名目 GDP の推移を示している。…」

・データの水準がどのくらいなのかを記す

ex.「日本の GDP は 1990 年代半ばには約 520 兆円であったが …」

・数字は半角で入力する

ex. ×「１９９４年」　　→　　○「 1994 年」
　　×「５００兆円」　　→　　○「 500 兆円」

・掲載した図表については必ず本文で説明する（図表を掲載しながら説明しないことがないように）

・全体の傾向から、部分的な特徴へ

ex. 年齢階層別の雇用動向に関するグラフの場合、全体（年齢計）の、特徴を述べてから、年齢階層別の特徴へ

・時系列データは変化前から変化後へ

ex. GDP の例では 90 年代半ばから 2000 年代初頭を経て 2008 年まで以降へ

・上昇（増加）しているのか、下落（減少）しているのか、横ばいか

3. 時系列データの分析

・上昇傾向や下落傾向がいつ反転したか

・図表番号の小さい順に

    ex. 複数のグラフがある場合は図1から図2へ

以上の点を踏まえると、たとえば次のような説明になる。

> ─ 説明例 ──────────────
>
> 　図1は1994年以降の日本のGDPの推移を示している。1994年の約495兆円から1997年には523兆円まで増加したが、その後減少に転じ、2002年には499兆円となり1995年の水準を下回った。2003年以降はわずかに増加したが、2008年のリーマンショックを契機として急減し、2009年には471兆円となった。2012年からは増加傾向が見られる。

練習問題 3.2

　国内総生産の推移のグラフを使って、以下のような手順で、次ページのようなグラフ付きレポートを作成してみよう。

・Wordを起動し、レポートのタイトル「国内総生産の動向に関するレポート」、作成者の学生番号及び氏名を入力し、タイトルを中央揃え、番号と名前は右揃えにする

・ウィンドウをExcelに切り替え、グラフの上で右クリックして「コピー」を選択

・ワードに切り替え、貼り付けたい位置で右クリックし「貼り付け」を選択

・グラフのすぐ上に図表番号とグラフタイトル、下に出所を入力する

・グラフの前にグラフに関する説明を書く

> ─ 豆知識 ──────────────
>
> 　レポートを作成する場合、あとからグラフの位置を入れ替えたり、グラフを追加したりすることがあるので、グラフのなかにタイトルを入力せず、図表番号とともにグラフのすぐ上に本文で書くとよい。また、図表番号とタイトルは本文と区別するようゴシック体にすると見やすくなる。

3. 時系列データの分析

図 3-1 グラフ付きレポートの例

国内総生産の動向に関するレポート

学 生 番 号
氏　　　名

(グラフの説明)

図1：名目国内総生産の推移

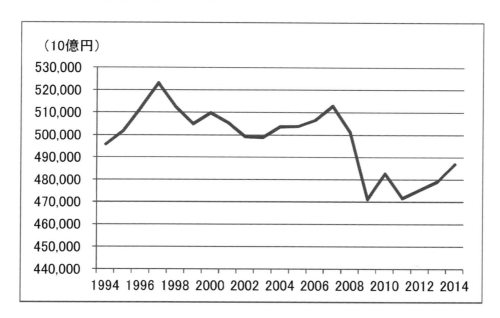

出所：内閣府「国民経済計算」より筆者作成

3) 時系列データの分析

増加率・伸び率 (Growth rate, the rate of Increase)

経済現象の時系列的変化を表す最も基本的な方法が、増加率または伸び率である。年次データの増加率は以下の式で定義される。GDP の増加率は、一般に経済成長率と呼ばれる。

$$増加率 = \frac{(今年のデータ - 前年のデータ)}{前年のデータ}$$

前年同期比

経済現象は季節的な変動を伴うことが多い。たとえば、金曜日は飲み会などが多く飲食店が混む、土曜日は映画館のような娯楽施設が混む、2 月は日数が少ないので売り上げ額が減る、7 月のボーナス支給後や年末年始は売り上げが伸びる、夏はビールやアイスクリームの売り上げが伸びるなど、時期によって特徴的な動きをする。そこで、たとえば月別データの時系列的な変化を見るときに、前月からの増加率よりも前年の同月と比べたほうが適切なことがある。この場合は前年同月比が有効である。

$$前年同月比 = \frac{当月のデータ}{前年同月のデータ}$$

指数 (Index number)

異なった時点のデータの変化を把握する場合、指数を利用する。指数は基準時点のデータに対する比較時点のデータの割合である。

$$単純指数 = \frac{比較時点のデータ}{基準時点のデータ} \times 100$$

指数を使うことによって、円とドルやユーロ、食品価格と家電品価格などの単位やレベルの異なるデータの変化を比較しやすくなる。例えば、2010 年を基準にドル/円とユーロ/ドルの価格の変動を比較したい場合 2010 年のドル/円レート 87.77 円、ユーロ/ドル・レート 1.319 ユーロをそれぞれ 100 として、比較時点の 2014 年のレート 105.84 円、1.321 ユーロはそれぞれ 120.58、100.11

であるから、この間にユーロは0.11％上昇したのに対して、円は20.58％も下落したことが分かる。

　指数には単純指数のほかに、複数のデータを総合した総合指数、複数の指数を組み合わせた複合指数がある。

消費者物価指数

　よく使われる指数には、消費者物価指数や企業物価指数がある。いずれもさまざまな商品の価格を総合して全体として物価がどう推移しているかを見るための総合指数である。消費者物価指数は、平均的な消費者が比較時に基準時と同じ商品を購入した場合、商品価格の変化により、購入総額がどのように変化するかを示す指標である。一般的には次式で定義される。P は価格、q は購入量、右下の添え字は基準時が 0、比較時が t、$1 \sim n$ は個々の品目を示す。

$$消費者物価指数 = \frac{(p_{t,1} \times q_{0,1}) + (p_{t,2} \times q_{0,2}) + \cdots + (p_{t,n} \times q_{0,n})}{(p_{0,1} \times q_{0,1}) + (p_{0,2} \times q_{0,2}) + \cdots + (p_{0,n} \times q_{0,n})} \times 100$$

　消費者が購入する商品には、総務省統計局「家計調査」に基づいて約600品目が含まれているが、仮に米、味噌、醤油の3品目だけだったとして、基準年を2000年、比較年を2015年としたら消費者物価指数は次のように計算される。

$$消費者物価指数_{15} = \frac{2015\,年の購入総額}{2000\,年の購入総額} \times 100$$

ただし、

$$
\begin{aligned}
2015\,年の購入総額 =\ & (米の価格_{15} \times 米の購入量_{00}) \\
& + (味噌の価格_{15} \times 味噌の購入量_{00}) \\
& + (醤油の価格_{15} \times 醤油の購入量_{00})
\end{aligned}
$$

$$
\begin{aligned}
2000\,年の購入総額 =\ & (米の価格_{00} \times 米の購入量_{00}) \\
& + (味噌の価格_{00} \times 味噌の購入量_{00}) \\
& + (醤油の価格_{00} \times 醤油の購入量_{00})
\end{aligned}
$$

ここで、右下の添え字は 00 が基準年の2000年、15 が比較年の2015年を示す。

3. 時系列データの分析

練習問題 3.3

「国内総生産」シートの C 列以降は国内総生産の内訳を示している。まずは、GDP の内訳の推移を折れ線グラフにして、その変化を確認してみよう。次に、このデータを使って、GDP 各項目の増加率と指数を計算しよう。

折れ線グラフの作成

国内総生産の内訳のグラフを作成する際には、A 列に横 (項目) 軸ラベル、C 列以降にデータがあり、データ範囲が連続していない。このような場合は、次のような手順で範囲指定をし、グラフを作成する。

- A3 から A25 までの範囲を選択する

- Ctrl キーを押しながら、マウスで C3 から H25 までをドラッグする
  (A3 の空白セルも選択範囲に入れることに注意する)

- 折れ線グラフを作成する

- 横 (項目) 軸が横軸ラベルと重なっているので修正するため、横軸で右クリックし、「軸の書式設定」から「ラベル」の「ラベルの位置」を「下端／左端」に変更

- グラフタイトルは削除し、凡例の位置は右にする

- グラフの左上が J17 の左上と重なるようグラフを移動させる

増加率と指数の計算

以下の手順で GDP とその内訳の増加率と指数 (1995 年を 100 とする) を計算する。

a) 増加率の計算

- A31 に「GDP の増加率」と入力する

- データ系列名を入力するため A3 から H3 をコピーし、A32 に貼り付ける

> 3. 時系列データの分析

- 横 (項目) 軸ラベルを入力するため A5 から A25 を選択し、セルの内容を
  コピーし、A33 へ貼り付ける (1994 年の行は作成しない)

- B33 に「=(B5-B4)/B4」を入力する

- B33 をコピーし、B33 から H53 を選択し、「ホーム」タブのペーストボ
  タンの右の ▼ をクリックし、 $\boxed{\text{fx}}$ をクリックして数式を貼り付ける

b) 指数の計算

- A55 に「GDP 指数 (1995 年 =100)」と入力する

- データ系列名を入力する (GDP の表からコピーして貼り付ける)

- 横 (項目) 軸ラベルを入力する (GDP の表からコピーして貼り付ける)

- B57 に「=B5/B$5*100」を入力し、他のセルにコピーする

c) グラフの作成

- 民間最終消費支出から公的資本形成までの 4 項目について (在庫品増加と
  純輸出は変化が大きいので省略)、増加率のグラフ、指数のグラフをそれ
  ぞれ作成し、GDP の内訳のグラフと同じように見た目を整える

寄与度

　時系列データ全体の変化に対して、その構成項目であるデータがどの程度影
響したかを分析する際に、寄与度ないしは寄与率を使用する。

　寄与度は、ある構成項目のデータの増減が、全体の増加率を何 % ポイント
変化させているかを示している。たとえば、2010 年の GDP 増加率は 2.4 %
であったが、このうち消費支出は 0.6 % ポイントであった。

$$寄与度 = \frac{(構成項目の当年データ - 構成項目の前年データ)}{前年の全体のデータ} \times 100$$

3. 時系列データの分析

寄与率

　寄与率は、全体の増加率を 100 とした時に、構成項目の寄与度がその何 % かを示したものである。上の例では、GDP の増加率 2.4 % のうち、消費支出の寄与度が 0.6 % ポイントであるから、寄与率は $0.6 \div 2.4 = 25$ (%) となる。

$$\text{寄与率} = \frac{(\text{構成項目の当年データ} - \text{構成項目の前年データ})}{(\text{全体の当年データ} - \text{全体の前年データ})} \times 100$$

$$= \frac{\text{構成項目の寄与度}}{\text{全体の増加率}} \times 100$$

豆知識

　パーセントとパーセントの差を表す時にはパーセント・ポイント、あるいは単にポイントと表現する。たとえば、GDP 増加率が 2.6 % から 3.0 % に変化した場合、0.4 % 増加したとするのは間違いで、「0.4 % ポイント増加」あるいは「0.4 ポイント増加」と表現する。

練習問題 3.4

　「国内総生産」のデータを使って、以下の手順で GDP 各項目の寄与度と寄与率を計算してみよう。

寄与度の計算

・A82 に「寄与度」と入力する

・A32 から H53 までの GDP 増加率の表をコピーして A83 に貼り付ける

・データ (B84:H104) を削除する

・B84 に「=(B5-B4)/$B4*100」を入力し、全体にコピーする

寄与率の計算

a) 定義式を使った計算

固定ウェイトデータによる時系列データの変動要因分析

複数の要素から構成されている統計データの変動要因は、個々の要素の変化と要素の構成比（ウェイト）の変化に分解することができる。どちらの要因によるかは、物価指数の考え方と同様にウェイトを基準時点で固定することによって分析できる。

例えば、労働力率の変動要因について分析してみよう。経済全体の労働力率は次式で定義される。

$$労働力率 = \frac{労働力人口}{15\,歳以上人口}$$

これは、年齢階層別労働力率の変動と年齢階層別の構成比の変化に分解できる。例えば、高校ないし大学への進学率が高まれば15 ～ 19歳の労働力率は低下するであろう。また、女性の場合は、大学進学率が高まり卒業後に自分の能力を生かして働き続けたいと思う人が増えれば、20代前半の労働力率が高まり、仕事と家事・育児との両立支援が充実すれば20～30代の労働力率は高まるであろう。他方、労働力率が低い高齢者の割合が高まれば、社会全体の労働力率は低下するであろう。

練習問題 3.5

図3-3は女性の労働力率の推移を示したものである。図3-3aによれば、女性の労働力率は90年代を通じて50～51％程度を推移していたが、2000年代前半に低下し、2000年代半ば以降は横ばいに推移している。図3-3bは年齢階層別の労働力率を示している。10代は約20％、20～50代は60～70％、60代は30～40％、70歳以上は約10％である。このうち、10代と70歳以上を除くすべての年齢層で労働力率は上昇している。特に、30代は2000年初めから上昇し、60代は2000年代半ば以降上昇している。これらのデータから、女性全体の労働力率は、2000年代以降は高齢化により労働力率は低下したものの、その後は30代と60代を中心に労働力率が上昇したことにより相殺されて労働力率が横ばいに推移したことが予想できる。そこで、「労働力率」のデータを使って2000年以降高齢化が進まなかった場合と年齢階層別の労働力率に変化がなかった場合の両方について、全体の労働力がどのように推移したかを計算してみよう。

3. 時系列データの分析

図 3-3a　女性の労働力率の推移

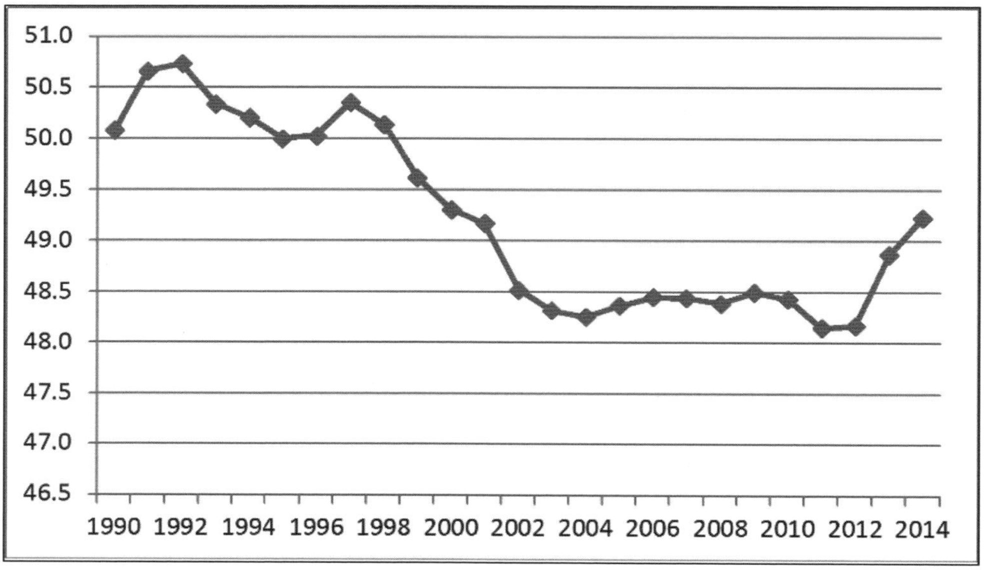

出所：総務省統計局「労働力調査」より作成

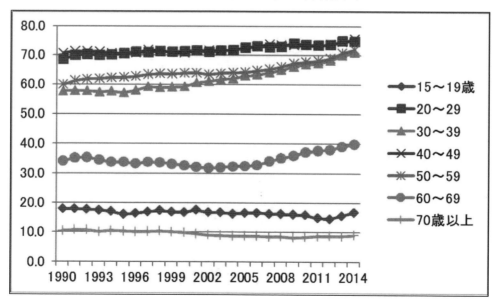

図 3-3b 年齢階層別女性の労働力率

出所：総務省統計局「労働力調査」より作成

- A60 に「労働力率」と入力する

- 上の年齢階層別の人口や労働力人口の表からコピーして表側と表側を入力する

- 62 行に 1990 年の労働力率を計算するため、B62 に式「=B32/B3*100」を入力し、O61 までコピーする。さらに 87 行までコピーして、小数点第 2 位まで表示させる

- A89 に「構成比」と入力する

- 労働力率の表と同様に、表側と表頭を入力する。ただし、2000 年以降とする

- 91 行に 2000 年の年齢別構成比を計算するため B91 に式「=B13/$B13」を入力し（分母を固定して横方向にコピーするので列を絶対参照とする）、表全体にコピーする

- 労働力率の表の右端に構成比を 2000 年に固定した系列（高齢化が進展しなかった時の労働力率）と労働力率を 2000 年に固定した系列（各年齢階層で労働力率が変化しなかったと仮定した時の高齢化の影響だけを反映した労働力率）を作成するので、P61 に「構成比固定」、Q61 に「労働力率固定」と入力する

- P72 に次式を入力し、P87 までコピーする

   「=C72*$C$91+D72*$D$91+E72*$E$91+F72*$F$91+G72*$G$91

   　+H72*$H$91+I72*$I$91+J72*$J$91+K72*$K$91+L72*$L$91

   　+N72*$N$91+O72*$O$91」

- Q72 に次式を入力し、Q77 までコピーする

   「=$C$72*C91+$D$72*D91+$E$72*E91+$F$72*F91+$G$72*G91

   　+$H$72*H91+$I$72*I91+$J$72*J91+$K$72*K91+$L$72*L91

   　+$N$72*N91+$O$72*O91」

   （式が長いが計算の意味をきちんと理解しよう）

- 「総数」と「構成比固定」「労働力率固定」のデータで折れ線グラフを作成する

3. 時系列データの分析

図 3-4　固定比率の労働力率

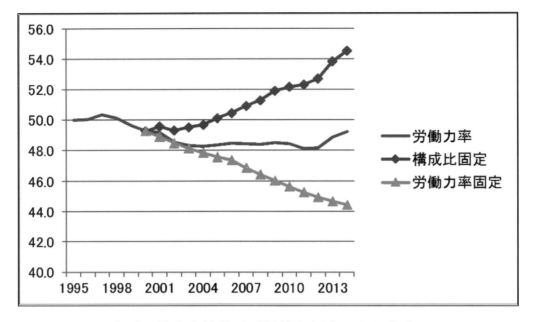

出所：総務省統計局「労働力調査」より作成

4) 第 3 章の課題

　「輸出・輸入額」のデータを使って、2010 年以降の輸出額、輸入額それぞれについて、寄与度および寄与率を計算し、グラフを作成しよう。

・練習問題 3.4 のデータとは表頭・表側が逆なので注意する

・横軸を年次とする積み上げグラフとし、総額を折れ線グラフとする

・「課題 3」というファイル名で保存する

・分析結果から、どのようなことが分かるかを考察してみよう

4. 多変数データの関係

1) 多変数データと散布図

　経済分析をする際には、ある変数と他の変数の関係を探ることで、経済現象の背後にあるメカニズムや因果関係を知る手がかりになる。

　多変数の関係を分析する際の基本となるのは、2つの変数の関係に注目することである。そのためには**散布図**を作成してみるとよい。散布図とは、下図のように2つの変数 x, y をそれぞれ横軸と縦軸に対応させて打点（プロット）したグラフのことである。たとえば、下の図 4-1a の ◆ 点は $(2.9, 8.6)$ というデータを横 2.9、縦 8.6 にプロットしたものである。

　図 4-1a はグラフにまんべんなくプロットされているのに対して、図 4-1b は点が右上に向かって幅を持った直線上に分布しており、x と y はほぼ比例的な関係にあることが分かる。このように、x と y が右上がりの関係にある場合は**正の相関**があるという。また、右下がりの場合は**負の相関**、図 4-1a のように関係がない場合は**無相関**という。

図 4-1a 無相関を表す散布図　　　図 4-1b 正の相関を表す散布図

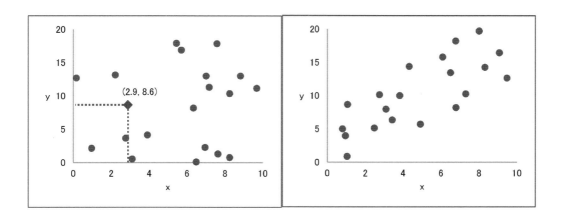

4. 多変数データの関係

練習問題 4.1

「県民総生産」のデータを使って、以下の手順で産業構造と1人あたり県民所得の関係を検討してみよう。

- I列に第2次産業比率、J列に第3次産業比率を計算する (数式は自分で考える)

- 1人あたり県民所得 (C列) と第2次産業比率 (I列) のデータを使って、散布図を作成する

    まず、C3:C49 を選択 (系列名は含めない)、 $\boxed{\text{Ctrl}}$ キーを押しながら I3:I49 を選択し、散布図を作成する

    このままだと点が集まりすぎて見にくいので、横軸の最小値を 1000 にする

- グラフタイトルを削除する

- 横軸ラベルに「1人あたり県民所得」、縦軸ラベルに「第2次産業比率」と入力する

散布図を見て、2つの変数の関係について考察してみよう。

データラベルの作成

散布図を作成した際に、どの点がどのデータなのかを知りたい場合はデータラベルをつけるとよい。Windows 版 Excel 2013 以降では散布図に任意のデータラベルをつけることができるので、この機能を使って各点に都道府県番号をつけてみよう。

- グラフエリアをクリックし、右脇に表示される「＋」ボタンをクリックすると「グラフ要素」の設定項目が表示されるので、「データラベル」をチェックする

- さらにその右側の ▶ をクリックし、「その他のオプション ……」を選択すると画面右端に「データラベルの書式設定」という作業ウィンドウが表示される (図 4-2)

4. 多変数データの関係

- 「ラベルオプション」の「セルの値」をチェックし、「Y 値」のチェックを外す
- 「データラベル範囲」というダイアログボックスが表示されるので、A3 から A49 までを選択し ("=県民総生産!$A$3:$A$49" と入力される)、OK をクリックする

これによって、グラフの各点がどの都道府県かが分かるようになった。ほとんどのデータは固まっているが、左下で 1 人当たり県民所得と第 2 次産業比率が共に大きく低い点のラベルが 47 であり、沖縄県であることが分かる。また、1 つだけ右下に離れている点はラベルが 13 となっており、東京都のデータだということが分かる。

図 4-2 データラベルの作成

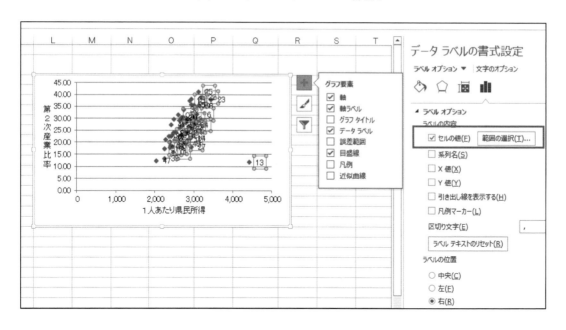

2) 相関係数

2つの変数の相関の程度を表す指標として相関係数がある。相関係数は次式の通り定義されるけれども、やや難しいのでここでは理解する必要はない (興味ある読者は章末の「統計学からの補足」を参照)。

$$\text{相関係数} = \frac{\displaystyle\sum_{i=1}^{n}(x_i - \overline{x})(y_i - \overline{y})}{\sqrt{\displaystyle\sum_{i=1}^{n}(x_i - \overline{x})^2 \sum_{i=1}^{n}(y_i - \overline{y})^2}}$$

相関係数は Excel では「=CORREL(範囲1, 範囲2)」関数で簡単に計算できる。相関係数は −1 から 1 の間の値を取る。1 に近いほど正の相関が高く、−1 に近いほど負の相関が高く、0 に近い場合は無相関である。

練習問題 4.2

C51 に1人あたり県民所得と第2次産業比率の相関係数を計算してみよう。

散布図を見ると、これらの変数間にはかなり高い正の相関があると予想できるが、計算結果は約 0.34 で、無相関となってしまう。なぜだろうか。

練習問題 4.1 で作成した散布図を見ると、東京都のデータだけが離れた位置にプロットされていた。このようなデータを**外れ値**という。外れ値があると相関係数が低下するので、東京のデータを除いて相関係数を計算してみると 0.76 となり、かなり高い正の相関があることが分かる (東京のデータを一時的に削除すれば確認できる。確認したら元に戻すボタンで元に戻そう)。

3) 散布図を利用したデータの分類

散布図は2変数の相関関係を分析するだけではなく、データのグルーピングにも役立てることができる。しばしば使われる方法は、2つの変数の平均と比較して上か下かによって4つのグループに分ける方法である。しかし、データが明確に4つのグループに分かれるとは限らず、分類に統計学的な根拠はないので、その解釈は分析者のセンスに委ねられる。

4. 多変数データの関係

図 4-3 散布図による分類

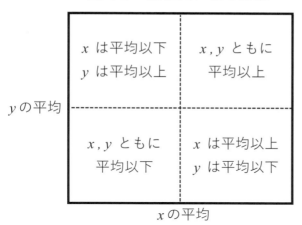

練習問題 4.3

所得は時間あたり賃金と労働時間によって決まるから、所得の差は労働時間の差によるかも知れない。そこで、「県民総生産」のデータを使って、1人当たりの県民所得と総実労働時間の関係を示す散布図を作成しよう。平均との差を元にデータを分類するため、全国平均も含める。

考察

図 4-4 の中心にある ● 印と点線は、全国の平均値を示している。グラフを見ると、いくつかのグループに分かれることが分かる。東京 (13) は、労働時間は平均的であるが、所得は平均を大きく上回っており、相変わらず外れ値となっている。もう一つの外れ値は岩手 (03) と山形 (06) で、労働時間が非常に長く、所得は低い。これらの外れ値を除くと、大きく2つのグループに分けることができるだろう。

第1は、図の下側にプロットされたグループで、所得は平均的であるが、労働時間が短い地域である。このグループには埼玉 (11)、千葉 (12)、神奈川 (14)、京都 (26)、大阪 (27)、兵庫 (28)、和歌山 (30) が含まれる。東京、大阪の周辺の府県である。奈良 (29) はやや外れているが、これに含めてよいであろう。このグループは所得と労働時間とは無相関である。

残りの道県は労働時間が平均より長いグループで、所得と労働時間とが反比例している。

以上のようなグループ化は、1人当たり県民所得や労働時間の都道府県によ

る違いがなぜ生じているかについて何も明らかにできていないので、さらなる分析が必要である。

図 4-4　都道府県別の 1 人当たり県民所得と月間実労働時間

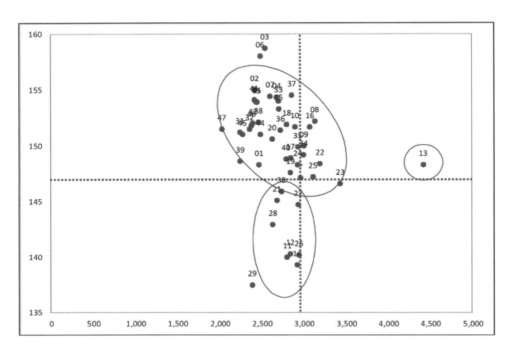

出所：内閣府総務省「県民経済年報県民所得」、
厚生労働省「毎月勤労統計」より作成

4) 第 4 章の課題

「女性の労働力率と出生率」のデータを使って、OECD 加盟 24 か国における女性の労働力率と合計特殊出生率の関係を示す散布図を作成し、相関係数を計算しよう。

・1970、1985、2000 年それぞれのグラフを作成する

・グラフの下に各年の労働力率と合計特殊出生率の相関係数を計算する

・「課題 4」というファイル名で保存する

・2 変数の関係が 1970、1985、2000 年でどのように変化しているかについて考察してみよう

用語説明

労働力率

労働力人口は働く意思と能力を持つ者のことで、就業者 (仕事に就いている者) と失業者 (仕事を探している者) の合計。労働力率は、15 歳以上人口に占める労働力人口の割合。

合計特殊出生率

1 人の女性が生涯に産む子どもの数。一国の人口を維持するためには 2.08 が必要と言われている。

---

5) 統計学からの補足

相関係数 (coefficient of correlation)

41, 42 ページに出てきたように相関係数は

$$相関係数 = \frac{\sum_{i=1}^{n}(x_i - \overline{x})(y_i - \overline{y})}{\sqrt{\sum_{i=1}^{n}(x_i - \overline{x})^2 \sum_{i=1}^{n}(y_i - \overline{y})^2}}$$

と定義される。この式で使われている $(x_i - \overline{x})$, $(y_i - \overline{y})$ はそれぞれの平均に対する x, y の**偏差**と呼ばれ、データのばらつきを表現するもととなる統計値である。分子の項は

$$\boldsymbol{x, y} \text{ の共変動} = \sum_{i=1}^{n}(x_i - \overline{x})(y_i - \overline{y}) = 偏差積の総和$$

である。また、分母の項は

$$x \text{ の変動} = \sum_{i=1}^{n}(x_i - \overline{x})^2, \quad y \text{ の変動} = \sum_{i=1}^{n}(y_i - \overline{y})^2$$

であるので、相関係数は次のように表される。

$$相関係数 = \frac{x, y \text{ の共変動}}{\sqrt{(x \text{ の変動}) \times (y \text{ の変動})}}$$

一般に、分子の $(x, y$ の共変動$)$ の絶対値は分母 $\sqrt{(x \text{ の変動}) \times (y \text{ の変動})}$ より小さいことが知られており、

$$-1 \leqq 相関係数 \leqq 1$$

である。

相関の分類

・相関図による分類

x, y の偏差が正または負であるかによる 4 つのグルーピングの図 4-3 を相関図といい、その 4 グループ (象限) はそれぞれ図 4-3 の特徴に基づいて次のようにまとめられる

第 I 象限：x, y ともに平均より大 $\Rightarrow x\,y$ の偏差がともに正
第 II 象限：平均より x は小、y は大 $\Rightarrow x$ の偏差が負、y の偏差が正
第 III 象限：x, y ともに平均より小 $\Rightarrow x\,y$ の偏差がともに負
第 IV 象限：平均より x は大、y は小 $\Rightarrow x$ の偏差が正、y の偏差が負

2 変量データの相関図の様相はおおよそ次の通り。

正の相関の場合：I, III に多くの点が集中、II, IV にまばらに点在
負の相関の場合：II, IV に多くの点が集中、I, III にまばらに点在
無相関の場合：I, II, III, IV 全体に点在

・共変動の役割

相関図の I, III に共通の性質は x, y の偏差が同符号であること
すなわち、偏差積が正である

相関図の II, IV に共通の性質は x, y の偏差が異符号であること
すなわち、偏差積が負である

この事実を相関図の様相と結びつけると次のことが分かる。

正の相関の場合：偏差積が正になるものが大部分

負の相関の場合：偏差積が負になるものが大部分

無相関の場合：偏差積の符号は偏らない

したがって、偏差積の総和である共変動は

正の相関の場合：正になり、相関が強いほど大きくなる

負の相関の場合：負になり、相関が強いほど小さくなる

無相関の場合：0 に近い値になる

・相関係数の意味

正の相関の場合：正であり、1 に近いほど相関が強くなる

負の相関の場合：負であり、-1 に近いほど相関が強くなる

無相関の場合：0 に近い値になる

無相関の検定

相関係数の値はあくまでも収集された 2 変量データの相関の状況を表すもので、真に対象の 2 変量の相関の程度 (母集団における相関) を保証しているわけではない。2 変量の相関分析を行うには次のような手順をとることが必要である。

・t 値

無相関検定の t 値は次の式で計算される

$$t = \sqrt{\frac{n-2}{1-(相関係数)^2}} \times 相関係数$$

ここで、n は収集された 2 変量データの組数

4. 多変数データの関係

・相関の程度

t 値により母集団の対応する 2 変量間の相関の様相が推測できる

$t > 2$ の場合　　2 変量には正の相関があるといえる
　　　　　　　　　　　t 値が大きくなるほど正の相関は強い

$t < -2$ の場合　　2 変量には負の相関があるといえる
　　　　　　　　　　　t 値が小さくなるほど負の相関は強い

$|t| \leqq 2$ の場合　　2 変量には相関がほとんど無いといえる

上記の判定は大まかなものであることに注意しよう。正確には、この t 値は自由度 $n-2$ の t 分布に従うので t 分布から計算される P 値により判断する

相関が認められる場合、さらに母相関係数に関する分析を通して相関がどの程度に強いかの詳細な推測ができる

練習問題 4.4
練習問題 4.2 をもとに 1 人あたり県民所得と第 2 次産業比率について t 値を求めよう。それから分かることをまとめよう。

5. 単回帰分析

1) 回帰分析とは何か

　経済変数は、互いに関係し合いながら変動している。たとえば、賃金と雇用の関係について考えてみよう。賃金の上昇はコストの増加となり、企業は機械化を進めるなどして雇用量を減らそうとするかも知れない。しかし、賃金が上昇すると消費が増える。これが企業の売上を伸ばし、生産や投資を増加させ、企業は雇用量を増加させようとするかも知れない。賃金の増加が雇用量を増加させるのか、それとも減少させるのか、あるいは増加させるとしたらどのくらい増えるのかは、その国の産業構造や技術水準によって異なってくる。したがって、ある国のある時点における賃金の雇用への影響を知るためには統計データを使って分析する必要がある。このように、変数間の関係を分析する方法のひとつとして**回帰分析**がある。

　2 変数の関係に関する分析で変数間に関係がある場合は散布図に表すと直線に近くなることを学んだ。そこで、このような関係を持つ変数 x と y の間に以下のような直線的な関係 (線形関係) があると想定することができる。

$$y = \alpha + \beta x$$

このように、ある変数と他の変数に対応関係があり、一方の変数 x が決まると他方 y が決まるとき、 y は x の関数であるという。また、ある変数を他の変数の関数として表すことを**回帰**という。ここで、説明される側の変数 y を**被説明変数** (従属変数) といい、説明する側の変数 x を**説明変数** (独立変数) と呼ぶ。さらに、説明変数がひとつの場合を**単回帰分析**、説明変数が 2 つ以上の場合を**重回帰分析**という。

　なお、回帰分析は、変数と変数が線形関係にない場合でも行うことができるが、基本的には同じ考え方と理解してよい。

5. 単回帰分析

回帰分析の考え方

データに最もあてはまりのよい直線を求める一般的な方法は、図 5-1 で示しているように、データの各点から x 軸方向へ垂直におろした線分 (点線部分) の長さ 2 乗の合計が最も小さくなる直線を求める方法である。このようにして求められた直線の式を回帰式という。また、元のデータの各点と回帰直線までの差を**残差** (residual) という。このように回帰式を決める方法を、残差の 2 乗の合計を最小化するような α, β を求めて導出されるので、**最小 2 乗法** (ordinary least square) という。最小 2 乗法によって得られる α, β の値をそれぞれ a, b とすれば、回帰式の係数は以下の式で求められる (ただし、本書では詳しく説明しない)。

$$a = \overline{y} - b\overline{x} \quad (\text{式中の } b \text{ は第 2 式で計算した値を使う})$$

$$b = \frac{\sum_{i=1}^{n}(x_i - \overline{x})(y_i - \overline{y})}{\sum_{i=1}^{n}(x_i - \overline{x})^2} = \frac{x, y \text{ の共変動}}{x \text{ の変動}}$$

図 5-1　最小 2 乗法

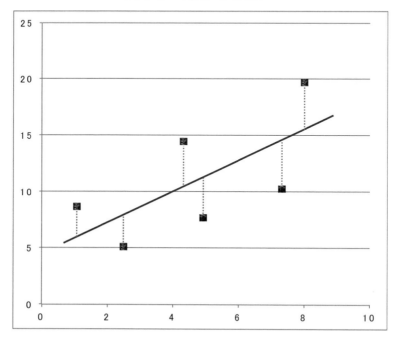

2) Excel による回帰分析

　Excel では回帰分析を簡単に実行することができる。関数を使う方法とアドインという追加機能を使う方法とがあるが、ここではアドインを使って分析する。

練習問題 5.1

　「年齢別給与」は厚生労働省「賃金構造基本調査」の 2015 年の大卒者の年齢階層別賃金を示している。このデータを使って、年齢と賃金の関係について回帰分析をしてみよう。回帰分析をする前に、以下のように分析用データと散布図を作成する。

a) 分析用データと散布図の作成

・シート上部のデータから、年間給与総額を計算する

　　A21 に「20 〜 24 歳」と入力し、以下「60 〜 64 歳」まで入力する

　　B20 に「年齢」、C20 に「男性」、D20 に「女性」と入力する

・年齢は各階層の中位数を入力する。たとえば B21 には 20 歳と 24 歳の真ん中なので 22 を入力する

	A	B	C	D
20		年齢	男性	女性
21	２０〜２４歳	22	3,272	3,110
22	２５〜２９歳	27	4,428	3,871
23	３０〜３４歳	32	5,401	4,377
24	３５〜３９歳	37	6,300	4,787
25	４０〜４４歳	42	7,167	5,498
26	４５〜４９歳	47	8,440	6,124
27	５０〜５４歳	52	8,938	6,368
28	５５〜５９歳	57	8,349	5,806
29	６０〜６４歳	62	5,867	5,912

- 「きまって支給する現金給与額」は月間の給与額であり、各年代の年収は「きまって支給する現金給与額」×12＋「年間賞与その他特別給与額」で計算できるので、数式を入力して表を完成させる

- データ範囲 (B20:D29) を選択し、「挿入」タブの散布図ボタンをクリックする

豆知識

「分析ツール」機能は、標準では組み込まれていないので、自宅のＰＣで最初に使う際に設定する必要がある。「ファイル」タブの「オプション」をクリックすると「Excel のオプション」という画面が出てくるので、「アドイン」画面の下の方の「設定」ボタンをクリックし、「分析ツール」にチェックを入れ、ＯＫボタンをクリックする。

---

b) 回帰分析

女性の賃金データで、年齢を説明変数、年間給与を被説明変数とする以下のような回帰式を想定し、回帰分析をしてみよう。

$$年間給与 = \alpha + \beta \times 年齢$$

回帰分析は以下の手順で行う。

- 「データ」タブの「データ分析」ボタンをクリックすると一覧表が出てくるので、「回帰分析」を選択し、ＯＫボタンをクリックする

- 「入力元」の「入力Ｙ範囲」のボタンをクリックし、女性の賃金データ（$D$20:$D$29）を選択する

- 「入力Ｘ範囲」のボタンをクリックし、年齢データ（$B$20:$B$29）を選択する

- 「ラベル」にチェックを入れる

- 「出力オプション」の「新規ワークシート」がチェックされていることを確認し OK をクリックする。分析結果が表示されたシートが表示されたら分析完了

図 5-2　回帰分析の入力画面

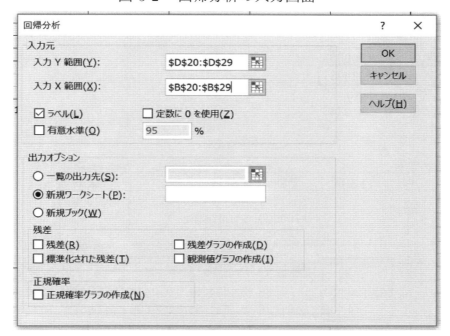

3) 分析結果の読み方

数字がたくさん並んでいるが、さしあたり以下の点に注目すればよい。

重決定 R2

重決定 R2 は決定係数といわれる数値で、回帰式のあてはまり具合を表す指標である。分析結果は 0.826031 なので、この式で y の 82 ％ を説明できていることを意味する。

有意 F

有意 F は回帰直線の説明力が有意かどうかを示す F 値の有意確率を示している。分析結果は 0.0007 であり、有意水準 0.05（5 ％）より小さいので、回帰直線は統計的に有意であるといえる。

係数

係数は回帰係数といわれる数値である。「切片」は回帰式の α、「年齢」は β を表し、回帰式は以下の通りとなる。これにより、年齢が分かれば大卒女性の平均年収が推計できる(単位は千円)。

5. 単回帰分析

概要						
回帰統計						
重相関 R	0.908863					
重決定 R2	0.826031					
補正 R2	0.801179					
標準誤差	500.0743					
観測数	9					

分散分析表						
	自由度	変動	分散		有意 F	
回帰	1	8311747	8311747	33.23711	0.000688	
残差	7	1750520	250074.3			
合計	8	10062267				

	係数	標準誤差	t	P-値	下限 95%	上限 95%
切片	1968.34	567.3389	3.469425	0.010414	626.7965	3309.883
年齢	74.439	12.91186	5.765164	0.000688	43.9073	104.9707

　回帰係数は、その符号と値の大きさに注目する。正の場合は説明変数と被説明変数が比例し、負の場合は反比例する。この式の場合、説明変数「年齢」の係数の符号がプラスなので、給与は年齢とともに増加することを意味し、妥当な結果と言える。係数の大きさは、年齢が1歳大きくなるごとに年間給与が約7万4千円ずつ増加することを意味している。

$$年間給与 = 1968.34 + 74.44 \times 年齢$$

t 値

「t」は t 値と呼ばれる統計値である。t 値は、回帰係数の統計的な有効性を表す。t 値の絶対値が「臨界値」以上であれば、説明変数として統計的に有意であると判断できる。臨界値は t 分布表で調べることができるが、Excel では「=tinv(有意確率、自由度)」で計算できる。自由度はデータ数マイナス変数の数で、単回帰分析の場合は (データ数 − 2) である。この分析の場合、有意確率5%、自由度7なので、臨界値は2.36となる。データ数が大きくなると臨界値は小さくなり、データ数が無限大の場合 1.96 となるから、データ数が大きいときには t 値が2以上かどうかが大まか

5. 単回帰分析

まかな目安となる。

P 値

「P-値」は t 値の有意確率で、0.05(5%) 以下であれば、その変数が被説明変数を説明するのに有効であるといえる。ただし、経済分析の場合、複雑な現象を少ないデータで分析するため、0.1(10 %) 以下でも一定の意味があると見なす場合がある。

分析結果の検定は t 値と P 値のいずれでもよいが、Excel の分析ツールで計算した場合は両方が計算されるので、P 値を見て有意性を判断すればよい。

以上のように、分析結果は統計的に有意なものであることが分かった。したがって、2015 年の大卒女性の年収の 8 割ほどは年齢によって説明できると考えられる。以下のように説明することができる。

┌─ 説明例 ─────────────────────────

「賃金センサス」のデータを用いて、2015 年の大卒女性の賃金を被説明変数とし、年齢を説明変数とする回帰分析を行った。重決定係数は 0.83、有意Ｆは 0.01 より小さく、この回帰式は十分な説明力があるといえる。年齢の P 値は 0.01 で 0.05（5%）を下回っているため統計的に有意な結果ということができる。年齢の係数は 7.439 であり、符号が正であるから大卒女性の賃金は年齢が 1 歳上がるにつれて約 7 万 4 千円ずつ増加することになる。

└───────────────────────────────

4) 第 5 章の課題

男性の賃金データで同様の回帰分析を行い、結果を考察してみよう。

・「データ分析」機能を使い、年齢を説明変数、年間給与を被説明変数とする回帰分析を行う

・「課題5」というファイル名で保存する

・女性の賃金と男性の賃金の分析結果を比較し、なぜそのような違いが出るのかを考察してみよう

5) 統計学からの補足

　この章で学んだ単回帰式は相関の強い 2 変数について、特定の x に対する y の平均的な値を推定したり予測する分析に使われる。もう少し詳細な分析をすると、y の平均的な値は信頼度何 % でこのくらいの範囲に納まる、ということも分かる。

　実際の値はこの推定値からズレをもって出てくるので、これを ε と書き、**残差**あるいは**誤差**と呼ぶ。つまり y の値の動向を表すモデル式は

$$y = \alpha + \beta x + \varepsilon$$

と想定される。データから α、β はそれぞれ 50 ページの a, b で推定されるが、最小 2 乗法による残差 2 乗の最小値が**残差変動**と呼ばれ、

$$s^2 = (y \ \text{の変動}) - \frac{(x, y \ \text{の共変動})^2}{(x \ \text{の変動})}$$

で与えられる。この値を自由度 (観測数 $- 2$) で割った値が**残差分散**であり、さらにそれをルートした値 (v) を**標準残差** (標準誤差) という。

$$v = \sqrt{\frac{s^2}{(\text{観測数} - 2)}}$$

この値により y の値はおおよそ

$$y = a + bx \pm v$$

あたりに落ち着くと推測できる。

練習問題 5.2
　練習問題 5.1 の分析に対する標準残差を求めてみよう。

- Excel による分析結果では、s^2 の値は分散分析表における「残差」と「変動」のクロスしたセルに表われる。その値を残差の自由度で割り残差分散 (表では「残差」と「分散」のクロスしたセルの値) が出ているので、v はそれをルート (「$= \text{SQRT}(\text{残差分散})$」) すれば計算できる

- なお、この値は Excel の概要では標準誤差として出されている

6. 重回帰分析

1) 重回帰分析とは

　単回帰分析は被説明変数を 1 つの説明変数で説明しようとするものであるが、経済現象は複雑なものなので、2 変数の関係だけで分析できるとは限らず、2 つ以上の説明変数で回帰分析をすることの方が一般的である。これを重回帰分析という。

　x_1 と x_2 の 2 つの説明変数を用いた重回帰分析は、以下のような重回帰式を想定していることになる。回帰係数 β_1, β_2 は偏回帰係数と呼ばれることもある。というのは、β_1 は、x_2 が一定の時 (変化しない時)、x_1 だけが変化した時の y の変化量を表すからである。

$$y = \beta_0 + \beta_1 x_1 + \beta_2 x_2$$

　Excel の「データ分析」機能を使って重回帰分析を行うには、「入力 X 範囲」で複数行にわたってデータ範囲を選択するだけでよいので、単回帰分析の方法を理解していればすぐに実行できるだろう。ただし、ここではもう少し新しい知識を学んでから分析に進むことにする。

2) 2 次関数による回帰分析

　賃金データを使った回帰分析で、女性の年収は単回帰分析によって 80 ％ 程度の説明力がある回帰式を求めることができたが、男性の年収は単回帰分析ではやや説明力が弱かった (重決定 R2 が 0.55、有意 F は 0.02)。それは、男性の年収が、直線というよりは 50 歳代前半をピークにその後減少していく山形をしているからである。このようなデータの場合、次のような 2 次関数 (2 乗項を含む関数) に当てはめると説明力の高い回帰式を得られることがある。

$$y = \beta_0 + \beta_1 x + \beta_2 x^2$$

6. 重回帰分析

練習問題 6.1

Excel の「データ分析」機能を使い、男性の年収を 2 次関数に当てはめる回帰分析をしてみよう。

「データ分析」機能では、説明変数を指定する際に連続した列を指定しなければならない。そこで、あらかじめ説明変数のデータを用意しておく必要がある。

	A	B	C	D
20		年齢	男性	女性
21	２０〜２４歳	22	3,272	3,110
22	２５〜２９歳	27	4,428	3,871
23	３０〜３４歳	32	5,401	4,377
24	３５〜３９歳	37	6,300	4,787
25	４０〜４４歳	42	7,167	5,498
26	４５〜４９歳	47	8,440	6,124
27	５０〜５４歳	52	8,938	6,368
28	５５〜５９歳	57	8,349	5,806
29	６０〜６４歳	62	5,867	5,912
30				
31		年齢	年齢2	
32	２０〜２４歳	22	484	
33	２５〜２９歳	27	729	
34	３０〜３４歳	32	1024	
35	３５〜３９歳	37	1369	
36	４０〜４４歳	42	1764	
37	４５〜４９歳	47	2209	
38	５０〜５４歳	52	2704	
39	５５〜５９歳	57	3249	
40	６０〜６４歳	62	3844	

- B31 に「年齢」と入力し、B32 以下に B21 以下のデータをコピーする

- C31 に「年齢2」と入力し、C32 以下に年齢の 2 乗を計算する式 (=B32^2) を入力する

- 「データ分析」を実行し、「入力 Y 範囲」は男性の年収を指定し、「入力 X 範囲」は年齢と年齢2の範囲 (B31:C40) を指定して (その他は女性の年収を分析した時と同じ)、OK をクリックする。結果は以下の通りとなる。

58

概要					
回帰統計					
重相関 R	0.932335				
重決定 R2	0.869248				
補正 R2	0.825664				
標準誤差	807.5226				
観測数	9				

分散分析表

	自由度	変動	分散		有意 F
回帰	2	26010963	13005482	19.94422	0.002235
残差	6	3912556	652092.7		
合計	8	29923519			

	係数	標準誤差	t	P-値	下限 95%	上限 95%
切片	−9220.81	3079.354	−2.9944	0.024182	−16755.7	−1685.9
年齢	698.3963	156.0029	4.476818	0.004207	316.6711	1080.122
年齢2	−7.06986	1.840515	−3.84124	0.008547	−11.5734	−2.56628

結果の考察

重決定係数は 0.869248 で、推計された重回帰式は約 87 % の説明力がある。説明変数を増やしていくと重決定係数は増えていくという性質があるので、この点を調整したのが一般に「自由度調整済み決定係数」といわれる値で、表中では「補正 R2」と表されている。この値も 0.825664 で、約 83 %、有意 F は 0.002 となっているので、十分な説明力があると考えてよいであろう。回帰式は以下の通りである。

$$年間給与額 = -9220.81 + 698.3963 \times 年齢 - 7.06986 \times 年齢^2$$

偏回帰係数の P 値はいずれも 0.05 (5%) を下回っているので、統計的に有意な結果であるといえる。

この式から、特定の年齢の大卒男性の年間給与額が推計できる。たとえば、35 歳男性の年間給与額は

$$-9220.81 + 698.3963 \times 35 - 7.06986 \times 35^2$$

であり、約 6,562,488 円となる。また、50 歳前後の年収 780 万円がピークになると推計できる。

練習問題 6.2

女性の賃金データで同様の回帰分析を行い、結果を考察してみよう。

6. 重回帰分析

3) ダミー変数

データ分析を行う際に、数量化できない質的な属性を考慮しなければならない場合がある。たとえば、賃金はしばしば性別、人種、学歴、企業規模などによって格差が生じる。また、経済成長は自然災害やテロなどの経済外的な要因に影響されることがある。このような要因を考慮して回帰分析を行う場合には、ダミー (代理) 変数を使用する。

ダミー変数には、ある属性を有している場合に 1、有していない場合は 0 を用いる。たとえば、性別を表すダミー変数 SX は以下のようになる。この場合、ダミー変数 SX の係数は女性を基準として、男性の賃金がどれだけ高いか（低いか）を示すことになる。

$$男性 \ : \ SX = 1$$
$$女性 \ : \ SX = 0$$

企業規模を大中小の 3 段階で表す場合は 2 つのダミー変数 $(SC1, SC2)$ を用いる。この場合は小企業を基準として $SC1$ は大企業、SC2 は中企業の賃金がどれだけ高いかを示す。

$$大企業 \ : \ SC1 = 1, \ SC2 = 0$$
$$中企業 \ : \ SC1 = 0, \ SC2 = 1$$
$$小企業 \ : \ SC1 = 0, \ SC2 = 0$$

練習問題 6.3

図 6-1 は男性の学歴別の勤続年数別年間給与額を示している。この図から、学歴によって賃金の上がり方が異なることが分かる。そこで、勤続年数と学歴ダミー変数を説明変数、年間給与額を被説明変数として重回帰分析をしてみよう。

「勤続年数別賃金」のデータから分析用のデータを作成

- 「勤続年数別賃金」シートの A20 に「勤続年数」、B20 に「高校卒」、C20 に「大学卒」、D20 に「年間給与額」と入力する

- 勤続年数はデータ範囲の中位数を入力する。たとえば、「10 〜 14 年」の場合は $(10 + 14) \div 2 = 12$ 、「30 年以上」は 32 とする

図 6-1 学歴別勤続年数別年間給与額

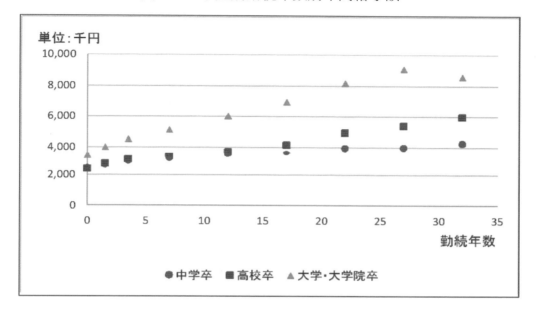

出所：総務省統計局、賃金構造基本統計調査」より作成

- 「高校卒」と「大学卒」はダミー変数なので、中学卒のデータは両方 0、高校卒のデータは 1,0、大学卒のデータは 0,1 とする。勤続年数別賃金のデータから「年間給与額」(所定内給与額 × 12 ＋年間賞与その他) を下表のように計算する

	勤続年数	高校卒	大学卒	年間給与額
19				
20	勤続年数	高校卒	大学卒	年間給与額
21	0	0	0	2,402
22	1.5	0	0	2,675
23	3.5	0	0	2,901
24	7	0	0	3,105
25	12	0	0	3,383
26	17	0	0	3,513
27	22	0	0	3,914
28	27	0	0	3,971
29	32	0	0	4,227
30	0	1	0	2,380
31	1.5	1	0	2,736

6. 重回帰分析

重回帰分析

- 「データ分析」を実行し、「入力Y範囲」は年間給与額を指定し、「入力X範囲」は勤続年数と学歴ダミーの範囲 (A20:C47) を指定して (その他は前と同じ)、OK をクリックする。結果は以下の通りとなる

概要

回帰統計	
重相関 R	0.941927
重決定 R2	0.887227
補正 R2	0.872518
標準誤差	672.4178
観測数	27

分散分析表

	自由度	変動	分散		有意 F
回帰	3	81815892	27271964	60.31676	4.71E-11
残差	23	10399352	452145.7		
合計	26	92215244			

	係数	標準誤差	t	P-値	下限 95%	上限 95%
切片	1814.326	275.4777	6.586109	1.02E-06	1244.457	2384.195
勤続年数	112.8145	11.8147	9.548656	1.81E-09	88.37391	137.255
高校卒	617.8222	316.9808	1.949084	0.063584	-37.9025	1273.547
大学卒	2854.267	316.9808	9.004541	5.32E-09	2198.542	3509.991

結果の考察

重決定係数は 0.89、自由度調整済み決定係数は 0.87、有意 F は 0.000 で、推計された重回帰式は十分な説明力があるといえる。偏回帰係数の P 値は「高校卒」以外は 0.05(5%) を下回っており、「高校卒」は 0.1 (10%) を下回っているので、すべての説明変数は統計的に有意であるといえる。

回帰式は以下の通りである。高校卒ダミー変数の係数は 617.82 なので、高校卒は中学卒に比べて年収が約 61 万 8 千円高いことになる。また、大学卒ダミー変数の係数は 2854.27 なので、中学卒より約 285 万 4 千円高いことになる。

$$年間給与額 = 1814.33 + 112.81 \times 勤続年数$$
$$+ 617.82 \times 高校卒 + 2854.27 \times 大学卒$$

中学卒はダミー変数が両方とも 0 であり、年間給与総額は次式で表される。

$$\text{中学卒の年間給与額} = 1814.33 + 112.82 \times \text{勤続年数}$$

高校卒は高校卒ダミー変数が 1、大学卒ダミー変数は 0 で、式は以下の通り。

$$\begin{aligned}\text{高校卒の年間給与額} \quad &= \quad 1814.33 + 112.82 \times \text{勤続年数} \\ &\quad +617.82 \\ &= \quad 2432.15 + 112.82 \times \text{勤続年数}\end{aligned}$$

大学卒は高校卒ダミー変数が 0、大学卒ダミー変数 1 で、式は以下の通り。

$$\begin{aligned}\text{大学卒の年間給与額} \quad &= \quad 1814.33 + 112.82 \times \text{勤続年数} \\ &\quad +2854.27 \\ &= \quad 4668.60 + 112.82 \times \text{勤続年数}\end{aligned}$$

4) 重回帰分析をする際の注意点

・多重共線性

　説明変数に用いる複数のデータの相関が高いとき、回帰分析の推定の精度が悪くなる。このような場合、多重共線性が生じているという。たとえば、賃金は年齢と勤続年数のどちらとも関係あるが、年齢と勤続年数は相関が高く、多重共線性が生じる可能性がある。

・系列相関 (自己相関)

　時系列データを用いて回帰分析をする際に、前期のデータが今期のデータと相関が高い場合、このデータに系列相関 (自己相関) があるという。系列相関があると分析結果が実際よりも見かけ上良くなる。

　多重共線性や系列相関を検定する方法については第 6 節で簡単に触れるが、詳しくは計量経済学で学んで欲しい。

練習問題 **6.4**

　日本では急速な勢いで少子化が進んでおり、大きな社会問題となっている。少子化を食い止めるためにはどのような対策を実施すればよいだろうか。適切

6. 重回帰分析

な対策を考えるためには、少子化の原因を明らかにする必要がある。そこで、少子化の原因について分析してみよう。

　分析をする際に、分析対象についての仮説を立て、どのようなデータを使い、どのような方法で分析するかを考える必要がある。少子化の原因を明らかにするために、女性（およびそのパートナー）がどのような理由で出産をするのかを考え、出産の有無と原因となる事柄の有無が把握できるデータを用意する必要がある。ここでは、都道府県別出生率の違いが、少子化の原因になると考えられる都道府県別の特性の違いによって説明できるかどうかを検討する。

　説明変数を選んだら、分析する前にそれぞれの説明変数が被説明変数にどのような影響を及ぼすかを予想する。たとえば、出生率を高める要因であればその説明変数の偏回帰係数の符号はプラス、出生率を低める要因の場合はマイナスになると予想する。分析の結果、偏回帰係数が統計的に有意であるが想定される符号と異なった場合は、想定した因果関係が間違っていなかったかどうかを検討し、想定した因果関係に誤りがあるとは考えられない場合は説明変数から取り除いて分析をし直す。

- 「都道府県別出生率」のデータを使って、「合計特殊出生率」を被説明変数とし、その他のデータを説明変数として重回帰分析をする
- 分析に先立ち、それぞれの説明変数が出生率に与える影響を予想する
- 事前の予想を踏まえて、分析結果を考察してみよう

　*) 利用できる統計の制約から原則として 2010 年のデータを使用している。

合計特殊出生率 (tfr : total fertility rate)

　「合計特殊出生率」は、「15 ～ 49 歳までの女性の年齢別出生率を合計したもの」で、一人の女性がその年齢別出生率で一生の間に生むとしたときの子どもの数のこと。

妻の平均初婚年齢 (first-marriage age)

　女性のライフスタイルが変われば、出産や子育てに対する考え方や行動が変わると考えられる。たとえば、結婚年齢が高まる晩婚化が進めば、出産時期が遅れたり、出産する子どもの数が減ったりする可能性がある。したがって、妻の平均初婚年齢が高まれば出生率は下がるかも知れない。それゆえ、妻の平均

初婚年齢を説明変数としたときの偏回帰係数の符号はマイナスとなることが予想される。

女性の労働力率 (female participation rate)

現在の日本では、男性に比べて女性の方が家事や育児などの「家庭責任」を負っていることが多いため、しばしば女性は仕事か子育てかの選択を迫られる。したがって、子育て期 (20 〜 44 歳) の女性の労働力率 (仕事に就いているか仕事を探している人の割合) が高まると、出産を諦めたり出産する子どもの数を減らしたりする可能性がある。とはいえ、近年では企業や行政による子育て支援策も充実しつつあり、女性が子育てと仕事を両立しやすい環境が広がりつつある。したがって、偏回帰係数の符号がプラスになるかマイナスになるかは自明ではない。

女性の大学進学率 (female university advancement rate)

女性の高学歴化が進むと、結婚や出産に対する考え方も変わり、出生率に影響する可能性がある。たとえば、大卒進学率が高まれば女性の「自立」意識が高まり、晩婚化や非婚化をもたらすかも知れない。この場合は、出生率を低下させる可能性があり、偏回帰係数の符号はマイナスになることが予想される。

教育費 (educational expenses)

日本では教育費の国庫負担が少なく、家庭の教育費負担が大きい。それゆえ、教育費が高ければ出産する子供の数を減らそうとするかも知れない。この点を分析するために、ここでは教育費の指標として総務省「家計調査」における全国の教育費を 100 としたときの各都道府県の県庁所在地の教育費を用いている。教育費が高まると出生率が下がるとすれば、偏回帰係数の符号はマイナスとなるだろう。

保育所潜在定員率 (availability of childcare service)

仕事をする女性が増えたとしても、育児支援政策が充実していれば、育児と仕事を両立することが出来るため、出産を諦めたり、子どもの数を制限したりする必要もなくなるだろう。そこで、子育て期 (20 〜 44 歳) の女性の人口に対する保育所の定員数の比率を「保育所潜在定員率」(宇南山卓, 2009 年) とし

て、その影響を分析してみよう。この比率が高まれば、子供を保育所に預けやすくなるから、安心して出産できるため、出生率は上昇するかも知れない。この場合、偏回帰係数の符号はプラスとなると予想できる。

男性の育児時間 (male childcare hours)

女性の就業が広がったとしても、夫が家事・育児を分担すれば、妻が仕事を続けやすくなるだろう。最近では、イクメンという言葉が広まり、男性の育児への参加が求められている。そこで、この少子化への影響を探るため、総務省「社会生活基本調査」の男性の育児時間の影響を分析しよう。男性の育児時間が増えれば出生率は高まると考えられるから、偏回帰係数の符号はプラスと予想できる。

結果の考察

この分析は、都道府県別の合計特殊出生率を被説明変数としているので、都道府県の出生率の違いが都道府県民の生活スタイルや政策の差によるものかどうかを分析していることになる。

分析結果は以下の通りである。自由度調整済み決定係数は 0.50、有意 F が 0.00 で、推計された重回帰式は説明力を有していると考えられる。偏回帰係数の P 値が 0.05 (5%) を下回っているのは「妻の平均初婚年齢」、「保育所潜在定員率」であった。また、「男性の育児時間」は 10% 水準で有意といえる。これらの係数の符号はいずれも事前に予想したとおりであった。つまり、妻の初婚年齢が高まれば出生率は低下する。したがって、もしも初婚年齢が何らかの社会的な要因によって高まっているとしたら、この要因を取り除くことで出生率は高まるかもしれない。また、保育所の定員が増えれば出生率は上昇する。つまり、保育所を整備して待機児童を減らすことは出生率を高める可能性がある。また、男性の育児時間が増えれば出生率は高まる可能性がある。したがって、男性の育児に対する意識を高めること、男性が育児をしやすい環境を整えることは出生率の上昇につながる可能性がある。

一方、「女性の労働力率」「女性の大学進学率」「教育費」はいずれも有意とはいえなかった。つまり、しばしば危惧されるように、女性の高学歴化や職場進出が出生率を低下させることはないと考えられる。また、都道府県別の「教育費」の格差も出生率の格差を説明する要因とはならなかった。

ところで、自由度調整済み決定係数は 0.50 であり、これらの説明変数では、都道府県別の出生率の違いの半分程度しか説明することができていない。あと半分はどのような要因によって説明できるだろうか。より説明力の高い分析となるよう、出生率に影響を与えると考えられるデータを探し、説明変数に加えて重回帰分析をしてみよう。

概要						
回帰統計						
重相関 R	0.754459					
重決定 R2	0.569208					
補正 R2	0.504589					
標準誤差	0.093419					
観測数	47					
分散分析表						
	自由度	変動	分散		有意 F	
回帰	6	0.461243	0.076874	8.808714	3.9E-06	
残差	40	0.349081	0.008727			
合計	46	0.810323				
	係数	標準誤差	t	P-値	下限 95%	上限 95%
切片	7.064123	1.567307	4.507171	5.61E-05	3.896477	10.23177
妻の平均初婚年齢	-0.18013	0.052412	-3.43679	0.001387	-0.28606	-0.0742
女性の労働力率	-0.00708	0.004697	-1.5082	0.139363	-0.01658	0.002409
女性の大学進学率	-0.00175	0.002515	-0.69763	0.489444	-0.00684	0.003328
教育費	-0.00096	0.000641	-1.50515	0.140141	-0.00226	0.000331
保育所潜在定員率	0.01088	0.004117	2.642965	0.011677	0.00256	0.0192
男性の育児時間	0.026216	0.013644	1.921429	0.061823	-0.00136	0.053791

5) 第 6 章の課題

　高齢化に伴う医療費の増大が政府の財政を圧迫しており、医療費を削減するために医療費増大の原因について理解する必要がある。「厚生労働白書」では、都道府県別の医療費の原因について検討しているので、この分析を参考にして、以下の通り重回帰分析をしてみよう。

・「都道府県別高齢者医療費」のデータを使って、「高齢者 (75 歳以上) 一人当たり医療費」を被説明変数とし、その他のデータを説明変数とする重回帰分析をする

6. 重回帰分析

- 分析結果は「課題 6」というファイル名で保存する
- 各説明変数が都道府県別の医療費の格差に与える影響を考慮しながら、分析結果を考察してみよう

6) 統計学からの補足

　6.4 節の注意点について、簡単に触れておこう。なお、ここで紹介する統計値は Excel では提供されておらず、他の統計ツールを使う必要がある。

- **多重共線性**

多重共線性が生じていることを示す統計値として、説明変数の偏回帰係数に対して計算される **VIF** (Variance Infration Factor) がある。この値が大きい変数間に多重共線性が生じていると判断される。通常これらの変数間の相関が強く、それが原因となり被説明変数に対して、逆の作用をもたらすと考えられる。その結果、被説明変数に対する相関係数と偏回帰係数の符号が一致しないといった不具合を生じる。多重共線性が生じている場合、不具合を起こした変量を除いて新たに重回帰モデルを作る必要がある。この作業を繰り返し、多重共線性のない最適な重回帰モデルで回帰分析を行うことが求められる。

- **系列相関 (自己相関)**

系列相関を示す統計量としては、**ダービングワトソン比**が知られている。この統計値は 0 ～ 4 の値をとるもので、0 に近いほど正の系列相関があり、4 に近いほど負の系列相関があるといえる。つまり, 2 に近ければ系列相関はないと判断できる。

- **AIC (赤池情報量基準)**

多重共線性や系列相関が生じていない重回帰モデル間の優劣を判断する場合に使われる統計値である。AIC は相対的なもので、小さい方がモデルの有効性が高いといえる。

- 最適な重回帰式を決定する際は、決定係数、自由度調整済み決定係数、AIC を併用して行っていく。

7. 社会調査の基礎

1) 社会調査とは

　経済分析では、政府が収集した公的統計を分析するだけではなく、目的にあったデータを独自に収集し、分析することもある。政府や研究機関、企業などは多くの調査を実施し、調査に基づいて政策を策定したり、商品開発をしたり、マーケティング戦略を立てたりしている。このように、個人または社会集団に関するデータを収集し、収集したデータを分析して社会の実態を明らかにする行為を社会調査という。

　社会調査にはいくつかの手法がある。調査データの特性によって分類すると、大きく定量的調査と定性的調査に分類できる。定量的調査は人口や売上など、数量的に把握できるデータを収集する調査、定性的調査は数量的に把握できない人々の意識やものごとの質的な特性に関する調査を指す。

　調査方法により分類すると、調査票調査（アンケート調査）、聞き取り調査（ヒアリング調査）、参与観察などがある (表 7-1)。このうち、経済分析によく使われるのが調査票調査である。

表 7-1　調査方法による社会調査の分類

調査類型	特　徴
調査票調査 （アンケート調査）	調査事項や回答記入欄などをあらかじめ記載した同一形式の調査票を用いる調査。「構造化調査」ともいう。さまざまな目的の社会調査に用いられる。
聞き取り調査	調査票を用いず、あるいは調査票を用いてもそれにとらわれずに対象者に質問して回答を記録する。「半構造化調査」「非構造化調査」ともいう。 個人に関わるデータが中心となる。
参与観察	調査しようとする社会現象が発生している現場に行き、その当事者と共に体験するなかで観察したことを記録する。文化人類学、社会学に多い。代表的な文献に鎌田慧『自動車絶望工場』がある。最近の文献では、バーバラ・エーレンライク『ニッケル・アンド・ダイムド』、横田増生『アマゾン・ドット・コムの光と影』など。

7. 社会調査の基礎

2) 経済分析と社会調査

　社会調査を行うことで、公的統計分析では分からない企業の判断基準や人々の意識を知ることができる。これによって、経済理論の妥当性を検証したり、経済理論を構築する際の仮説を立てたり、経済政策を策定するための基礎資料を得たりすることができる。

　一般の人が調査を行うことはあまりないが、新聞やニュースなどではさまざまな調査結果が報道され、政府は社会調査に基づき政策を策定している。社会調査の方法を学ぶことで、調査が正しく行われているかどうか、メディアによる報道の真偽や政府による政策の妥当性を判断できる。

3) 社会調査をする際の注意

　調査を実施する際に必ず守らなければいけないことを調査倫理という。調査倫理には大きく4つのポイントがある。

① 個人情報の保護や機密の保持
　第1に、調査により知り得た情報の取り扱いに注意する必要がある。社会調査は個人または企業などの団体を対象として実施され、そのプライバシーに関わる事柄について回答を求めるものである。たとえば、労働や社会階層、貧困などに関する調査であれば、学歴、収入、場合によっては生育期の経済状態といった個人的な情報について質問する必要がある。それゆえ、調査によって得られた情報が第3者に漏洩しないよう情報の管理を徹底するとともに、調査結果を公表する時にも必要に応じて調査対象者（個人または団体）が特定されないよう、十分に注意しなければならない。

② 説明責任とハラスメント回避
　第2に、上記の点と関係することであるが、調査者は調査対象に対して説明責任を果たす必要がある。調査を依頼する時には、調査の目的、調査結果の公開方法、個人情報の保護を徹底することを調査対象者に対して事前に伝えなければならない。

　また、調査時点および調査結果の公表に際して、調査対象者へのハラスメントとならないよう注意する必要がある。たとえば、個人に対して聞き取り調査

をする際に、差別的な表現を使わないこと、プライバシーに関わる事柄を調査する必要があったとしても回答を強要しないことなどの配慮が必要である。あるいは、犯罪やセクシャルハラスメントのような被害に関する調査であれば、たとえ調査の目的が被害の実態について明らかにし、新たな被害者が出ないよう対策を立てるためであるとしても、調査によって被害を受けたつらい経験を思い起こさせてしまうかも知れないということに十分配慮する必要がある。こうした点に配慮せずに調査をすれば、調査対象者の人権を侵害するだけではなく、正確な回答が得られなくなる可能性もあること、さらに調査一般に対する不信感を招き、社会調査ができなくなり、社会問題を放置することに繋がりかねないことを理解すべきである。

③ 調査結果の尊重

　第3に、調査結果を尊重することである。調査結果が自説に不利な結果であっても、その結果を尊重しなければならない。調査結果が自説とは異なる結果であった場合、調査方法が適切ではなかったか、自説が間違っていたか、その両方かの3つが考えられる。そのような結果が出たからといって結果を公表しないのではなく、調査方法や自説を見直すきっかけにするべきである。

④ データのねつ造・盗用

　第4に、データのねつ造、他人のデータの盗用をしてはならないという点である。社会調査は社会の実態を明らかにするために行うが、データをねつ造することは、調査者にとって都合の良い結果になるようデータを作り変えることになり、調査の趣旨に反するだけではなく、誤った社会認識をもたらしてしまう。

　また、他人が行った調査データや研究を参考にする時は、出典を明記すること、自分の書いた文章と引用元の文章との区別を明確にすることが研究上の基本的なルールであるが、このルールを守らない場合は、データや論文の盗用となる。これは、専門的な研究ばかりでなく、論文やレポートを書く際も同じであるから注意しよう。

4) 調査票調査の進め方

社会調査のなかで最もよく知られており、数多く実施されている調査手法の
ひとつが調査票調査、いわゆるアンケート調査である。ここでは、アンケート
調査を実施する方法の基礎を学んでいこう。

なお、調査方法についてより詳しく学びたい場合は、巻末の参考文献に示し
た大谷ほか (2013) や盛山 (2004) を参照してほしい。

① 研究課題の明確化と作業仮説の設定

研究課題の設定

調査に先立ち、調査によって何を明らかにするのかを明確にしよう。調査に
は実態把握型と仮説検証型の2種類がある。実態把握型は調査対象の活動実態
や意識について明らかにするもので、たとえば大学生のアルバイトの実態に
関する調査（何のために、どんな仕事を、週に何時間アルバイトをしているの
か）、大学生の読書習慣の実態に関する調査（どのような本を、どのくらいの
量読んでいるか、どのように本を選んでいるか）などが考えられる。仮説検証
型は仮説の妥当性を調査によって検証するもので、なぜ大学生が違法なアルバ
イト（いわゆる「ブラックバイト」）を余儀なくされるのか（家庭の経済状況
の悪化、正社員の減少による学生アルバイトの基幹化、学生の希薄な権利意
識）、なぜ大学生の活字離れが進んだのか（ネットやスマホ利用の増加、良書
の減少、大学進学率上昇による大学の大衆化）などが考えられる（カッコ内は
調査仮説）。仮説検証型の場合、対象となる事象について、ある程度把握でき
ていることが前提となる。

研究史の調査

現在の日本ではさまざまな調査が実施されているため、自分が調査したいと
考えている研究課題と同じ、ないしは類似した調査がすでに行われている可能
性がある。そこで、独自の調査を企画するのに先立ち、既存の調査がないかど
うかを確認しよう。同様の調査または類似の調査が行われていたら、調査票の
内容が設問項目や選択肢を検討する際の参考になる。また、分析結果には、自
分が行う調査へのヒントがあるかも知れない。

作業仮説

　研究課題を設定したら、先行調査があればそれを参考にしながら、研究課題に対する回答をイメージする。実態把握型の調査であれば、課題に関連する項目を列挙する。実態把握型でも作業仮説は必要である。大学生のアルバイトの実態について把握するためには、アルバイトに関するどのよう事柄について調査すればよいのかを明確にする必要がある。男女別、文系・理系別、自宅（親と同居）・1人暮らしの違いなどによりアルバイトの仕方に違いがあると考えたら、どのような違いがありうるかを想定しながら調査項目を選定することになる。あるいは、学生アルバイトの職務内容がパートなど他の非正規や社員とどのような差があるかに関心があれば、業務や権限、業務負担に対する処遇の格差などを把握できる調査項目が必要である。

　仮説検証型であれば、検証すべき仮説を明確にし、仮説を検証するにはどのようなデータを収集し、どのような分析をしてどのような結果が出ればいいのか、分析のためにはどのような被説明変数（従属変数）と説明変数（独立変数）があればよいのか、変数間にはどのような関係が想定されるのかを検討する。

② 調査の企画

調査の規模

　社会全体の状態を把握するためには、社会の全構成員を対象に調査することが望ましい。これを全数調査ないしは悉皆（しっかい）調査という。たとえば、自分が所属する大学の学生全員のアルバイトの実態を明らかにするためには、在籍学生全員を対象にアンケートすればよい。しかし、調査対象者数が多い場合は、全数調査は手間と経費がかかりすぎるだけでなく、データを入力する際のミスも生じやすい。たとえば、日本の大学生全体のアルバイトの実態を明らかにするために、60万人以上を対象に調査を実施しなければならないが、そのような調査は現実的ではない。

　そこで、全ての構成員（母集団）の一部を取り出して全体を推定する手法が開発された。これを標本調査またはサンプリング調査という。標本調査は、コストが低いことに加えて、標本誤差（サンプリングにより生じる誤差）は大きいが、非標本誤差（コーディング・ミス、入力ミス、計算ミスなど）は低い可能性があるというメリットがある。ただし、標本が母集団から適切に抽出されていなければならない。

7. 社会調査の基礎

　標本調査をする際の標本 (サンプル) は、母集団となる組織または社会の構成員全体から無作為に抽出することが望ましい。これを無作為抽出法 (ランダム・サンプリング) という。たとえば、母集団に番号をつけたうえで、乱数表などを使って標本を抽出する。

　無作為抽出された標本は、母集団の特徴を適正に表すことが分かっているが、非常に手間がかかる。そこで、母集団の特性をできる限り損なわず、簡便に標本を収集するさまざまな方法が考案されてきた。詳しくは社会調査の専門書を参照してもらうとして、ここでは一般の調査でよく使われる層化抽出法について説明しておこう。これは、母集団をあらかじめいくつかの層に分割しておき、各層から必要な標本を抽出するという方法である。たとえば、母集団の男女比率が 6:4 であると分かっている場合、標本数の男女比が 6:4 になるように無作為抽出する。これにより、抽出される標本の精度を高めることができる。

　調査を実施する際には、標本数をどれくらい集めるかが調査費を左右する大きな要因となる。標本数は母集団に近いほど誤差が少なくなるが、調査の効率性という点からは標本数が少ない方がよい。社会調査の場合、設問に対する回答の度数分布や構成比を明らかにすることが多いので、標本から母集団の比率を推定することが一般的である。このような場合に必要な標本数 n は、次式によって計算することができる。

$$n = \frac{N}{\left(\dfrac{\varepsilon}{K(\alpha)}\right)^2 \dfrac{N-1}{P(1-P)} + 1}$$

N：母集団の数　　　　　　α：母集団特性値の推定を誤る確率 (危険率)
P：母比率　　　　　　　　ε：標本誤差の許容範囲
n：必要とされるサンプル数

練習問題 7.1

　大学に在籍している学生約 6,000 人のアルバイトの実態について調査するとき、信頼度 95% (危険率 5%) で誤差の幅 (ε) を 5% で推定する場合、何人以上の学生に調査したらよいか。なお、母比率 P は 0.5 (50%) とする。危険率 α が 5% の時 $K(\alpha)$ は 1.96 となる。

調査方法の選択

　調査方法には郵送調査、留置 (とめおき) 調査、面接調査、電話調査、Web 調査などがあるが、いずれもメリット、デメリットがある（表 7-2）。郵送調査は最も一般的な調査方法である。協力依頼と調査票の配布・回収を郵送によって行う。対象者の居住地が遠隔地や広範囲に及んでいる場合に安価かつ少ない労力で実施できるというメリットがある。他方、誤記入、記入漏れが生じやすい、質問量が多いと回収率が低くなるというデメリットがある。なお、郵送調査の回収率は、調査内容、質問項目数、謝金の有無などにもよるが、督促をしなければ高くても 20 ～ 30% 程度である。これより少ないことも多い。

　留置調査は、調査票を対象者に配布し、一定期間後に回収するという方法で、配表調査ともいわれる。留置法の代表が国勢調査である。この方法のメリットは、回答者の都合で回答でき、比較的費用がかからない点、調査員の影響を受けない点であるが、誤記入や虚偽記入の恐れがあり、精度が高くないという問題もある。

　面接調査は、対象者が調査員と対面しながら回答するという方法で、分からない設問は調査員に確認することができ、精度の高いデータを得られる反面、回答の精度は調査員の質に左右される、労力と費用がかかるというデメリットもある。

表 7-2　調査方法の特徴

	メリット	デメリット
郵送調査	低コスト	精度が低い 回収率が低い
個別面接調査	精度が高い	高コスト
留置調査 (配票調査)	低コスト 調査員の影響なし	精度が低い
電話調査	低コスト	複雑な質問はできない
Web 調査	低コスト	精度が低い

　電話調査は、調査員が電話で対象者にインタビューする方法である。時間や労力、費用をかけずに広範囲で大量に、短時間で実施できるというメリットがある。デメリットは、複雑な調査は出来ない点、電話番号を公開している人でないと調査対象にできない点、調査対象者でない人が回答してしまうかもしれ

7. 社会調査の基礎

ない点（たとえば20歳代男性を対象にした調査に 40 〜 50 歳代の父親が回答してしまうかもしれない）、回答を拒否される件数が膨大という点である。近年では、携帯電話の普及で実施しにくくなった。

　最近では、Web 調査が行われるようになった。インターネット上で実施するアンケートなので、比較的安価に調査できるというメリットがあるが、回答者がどのような人物かが不明であるという点、回答者がインターネットを利用している者に限られるので、分布が偏る可能性が高いという問題がある。

練習問題 7.2

　以下の調査設計表を使って、身近な課題に関するアンケート調査を企画してみよう。

調査タイトル	
調査の目的（研究課題）	
調査対象（サンプル数）	
調査仮説	
調査項目	
調査項目間の関係	
先行調査	

5) 調査票の作成

　調査票を作るのは簡単そうに思えるかも知れないが、適切な調査票を作るのはそれほど簡単ではない。設問文や選択肢を作る際には、さまざまな点に注意する必要がある。以下、そのポイントについて整理しよう。

① 調査方法と質問の分量

　質問項目の分量は、調査の質と精度に影響を及ぼす。研究課題について詳しく調査しようと思ったら、多くの設問からなる調査票が必要となる。しかし、質問項目が多いと回収率が低下するだけでなく、回答者の集中力も低下するので、調査の精度も低下する可能性がある。面接法の場合は、コストはかかるが、回答者と対話しながら調査できるので、質問項目が多くても精度の高い調査ができる。郵送法の場合はもともと精度が低いが、項目が多いと回収率が低下し、精度が低下する可能性があるので、項目は少なめにした方がよい。また、回答場所が室内か屋外かによっても、適切な分量は異なってくるだろう。

② ワーディング

　質問文で使う言葉や質問の仕方によって、調査対象者が勘違いをしたり、調査企画者の意図と違った受け取られ方をしたりして、調査結果に歪みが生じる。これをワーディング問題という。以下、代表的なワーディング問題を紹介しよう。

曖昧な表現

　設問文が曖昧だと、回答者がどのように考えて回答したかが分からず、調査結果の解釈がしにくくなってしまう。以下の設問は、「大きな政府」や「小さな政府」の意味が曖昧である。たとえば、「小さな政府」を「社会保障支出は抑制的な政府」と見るか「経済活動への介入が限定的な政府」と見るかによって回答が異なる可能性がある。
　曖昧な質問文に対する回答者の反応は、
  1) 回答者も調査者と同様に曖昧な思考をしているため、違和感を
     感じることなく回答する
  2) 回答者が調査者とは異なる意味に理解して回答する
  3) 質問の曖昧さに気づいた回答者が回答するのを控える
など、人によって異なる反応をする可能性がある。このとき、調査結果をどのように解釈するべきかが難しい。それゆえ、設問文を作るときには、曖昧な表現がないかどうか注意する必要がある。

　　　× 　問　あなたは、日本は小さな政府を目指すべきだと思いますか。
　　　○ 　問　あなたは、政府による経済活動への介入を現在より減らす
　　　　　　　べきだと思いますか。

難しい言葉

専門的すぎる用語、業界用語、一部の人だけで通じる言葉を質問文に使うと、曖昧な表現の時と同じ結果が生じる。どうしても専門用語を使う必要がある場合は、調査票のなかで説明する。ただし、説明文はあまり長すぎない方がよい。

× 問　あなたは、研究開発、取材・編集、デザイナーなどの専門業務に従事する労働者に裁量労働制を適用することに賛成ですか、反対ですか。

○ 問　あなたは、研究開発、取材・編集、デザイナーなどの専門業務に従事する労働者に対して、労働時間の計算を実労働時間ではなく、みなし時間によって行うことを認める裁量労働制を適用することに賛成ですか、反対ですか。

ステレオタイプ

政策や社会情勢について質問する場合、評価的ニュアンスを含む言葉や言い回しを用いると、回答が出来合いのイメージ（ステレオタイプ）に引きずられてしまう。ステレオタイプの例としてよく引き合いに出される言葉が「官僚」や「天下り」である。これらの語はネガティブなイメージを持っているため、質問文に使われると否定的な回答が多くなることが予想される。そこで、以下の例ではより中立的な「国家公務員」や「再就職」という用語に置き換えることで、この影響を緩和しようとしている。

× 問　あなたは官僚が政府の外郭団体などに天下りすることをどう思いますか。

○ 問　あなたは国家公務員が政府の外郭団体などの要職に再就職することをどう思いますか。

ステレオタイプは、伝統的な性別役割分業に関わっていることもある。たとえば、以下の例では、前者は伝統的に家事・育児が女性の役割であることを追認するような設問となっている。このようなステレオタイプをジェンダー・バイアスという。後者はむしろそうした価値観自体を問うような設問となっている。

× 問　家事や育児には、男性より女性の方が向いていると思いますか。

○ 問　家事や育児の向き不向きには、性別が関係していると思いますか。

ダブル・バーレル

　個々の言葉は明確でも、全体として曖昧になったり、多義的になったりする質問文をダブル・バーレルという。多義的な質問文では、回答者はどの意味について回答したらいいのか分からなくなり、分析する側もどのように評価したらいいか分からなくなる。

　以下の例は、消費税増税への賛否を聞く質問文であるが、増税に反対する理由が低所得者への負担が大きいからではなく景気を悪化させるからかも知れない。このような場合は、消費税増税への賛否とその理由を別の質問にするとよい。

　　×　問　あなたは消費税増税は低所得者への負担が大きい
　　　　　　のでやめるべきだと思いますか。
　　○　問　あなたは消費税の増税に賛成ですか、反対ですか。
　　　　　　→ その理由を質問する

なお、前項のジェンダー・バイアスの例文にある「家事と育児」のように、家事と育児を一つにくくることにより伝統的な性別役割をイメージさせやすくなるような場合は、ダブル・バーレルが許されることもある (盛山:2004, p.84)。

パーソナル／インパーソナル

　回答者自身の行動に関する意識（パーソナル）と一般の人々の行動に関する回答者の意見（インパーソナル）の違いに注意する必要がある。パーソナルな質問は価値判断を問う質問であり、インパーソナルな質問は事実判断を問う問題である。

　たとえば、以下の質問は、回答者が犯罪捜査のためなら政府の機関にスマートフォンのロックを解除する権限を認めるべきと思っているかどうかの価値判断を問う質問と、このことが社会で認められるかどうかという事実判断に関する質問のどちらとも解釈できる設問なので好ましくない。そこで、これを明示するよう注意しよう。

　　×　問　アメリカ連邦捜査局 (FBI) は、犯罪捜査のためにスマートフォン
　　　　　　・メーカーに対してロック解除技術 (バックドア) の作成を求めま
　　　　　　したが、このようなことが認められると思いますか。

○　問　(略) あなたはこのようなことを認めるべきだと思いますか。
○　問　(略) あなたはアメリカでこのようなことが認められると思い
　　　　ますか。

イエス・テンデンシー

　一般に「あなたは A だと思いますか」と質問する方が「A でないと思いますか」と質問するよりも賛成する度合いが高くなる傾向にある。また、調査者や調査員が期待するよう回答する傾向、あるいは世間の常識から外れないように回答しようとする傾向があると言われている。これをイエス・テンデンシーという。この影響を抑えるために「A だと思いますか、A でないと思いますか」と聞くなどの工夫が必要である。

キャリーオーバー効果

　質問文に対する回答は、その前の設問に影響を受ける傾向がある。たとえば、消費税増税の賛否について質問する場合、前回の消費税増税時の消費行動や家計への影響を質問した後と財政赤字や社会保障の財源など増税の必要性に関して質問した後では、回答に差が出る可能性がある。それゆえ、調査票の構成や質問の順序に配慮する必要がある。

誘導質問

　調査設計者は、イエス・テンデンシーやキャリーオーバー効果を利用して、回答者に一定の方向性を持った回答を促すこともできる。これを誘導質問という。質問文の作り方によって回答を誘導することは不適切であり、できるだけ中立的な立場で回答できるように調査票を設計しなければならない。

　ただし、回答者が回答しやすくなるように質問の順序を工夫することは「誘導質問」とはいわない。たとえば、政府がやや複雑な制度の導入を検討しており、その制度の導入を希望するかどうかを問う場合、いくつかの設問でその制度について理解できるよう工夫することがある。この説明が中立的であれば、誘導質問とはいわない。

③ 選択肢の設定
相互排他的で網羅的に

　選択肢は、ひとつの選択肢が他の選択肢を含むような概念であってはならな

い。これを非排他的という。また、選択肢は必ずどれかを選べるよう網羅されていなければならない。以下の例では、最寄り駅の個人商店で買う場合やショッピングセンターのなかのスーパーで買う場合があり、場所情報と店舗の業態が混じっていて排他的ではない。また、ドラッグストアやホームセンター、ネットで購入するときの選択肢がなく、網羅的でない。選択肢を網羅的にするために「その他」を使う場合もあるが、「その他」の回答が多くならないよう、主な回答は必ず選択肢を用意しよう。

　　問　あなたがふだん日用品の買い物をする場所はどこですか。
　　　　次のなかから主な場所を一つ選んで下さい。
　　　①　最寄り駅周辺
　　　②　ショッピングセンター
　　　③　大型スーパー
　　　④　コンビニエンス・ストア
　　　⑤　個人商店

順序選択法に中間値はつくらない

　回答者に意識の程度を問う場合、選択肢が奇数だと回答者は中央（例では「どちらともいえない」）を選択する傾向がある。そこで、選択肢の数は偶数にした方がよい。

　　問　あなたは、若者の方が年長者と比べてマナーが悪いと思いますか。

複数回答の回答数制限はつくらない

　調査票を作成していると、回答者に複数の回答を認めたい場合があるが、回答は原則として1つにした方がよい。というのは、第1に複数の選択肢を選ぶことは、最も当てはまるもの1つを選ぶのに比べて回答者への負担が重くなるからである。第2に、分析する側にとっても、解釈が難しくなるからであ

る。しかし、調査票のスペースを節約する場合など、どうしても複数回答を認めたい場合は、「上位 3 つまで」というような制限を付けるべきではない。

自由記述はできる限りつくらない

自由記述欄は、回答者の負担が大きいので記入されない場合も多く、したがって回答 (者) に偏りが出る恐れが高いため、できれば作らない方がよい。

④ 調査票全体への配慮

調査票を作成する際に、最も配慮しなければならないのは質問文と選択肢であるが、回答者の負担を減らし、調査の精度を上げるために、調査票全体への配慮も必要である。

調査票の冒頭 (ページ数が多い場合は表紙) には、調査の名称、調査の実施主体、連絡先、調査の趣旨などを載せる。郵送調査の場合は、調査票とは別に依頼状を同封し、記入上の注意事項、提出期日、回収方法、結果の公表方法などについて載せておく。また、調査票の最後には調査協力への謝辞を入れる。

質問文はゴシック体にし、選択肢は明朝体にするなどして、調査票にメリハリを付けると見やすくなって回答者の負担が減り、回答しやすくなる。

質問項目の順番は、答えやすい質問から答えにくい質問へ、一般的な質問から具体的な質問へと並べる方が回答しやすい。また、個人の属性に関わる年齢、性別、学歴などの設問は、個人情報に関わる問題のため、回答しやすいように調査票の最後に持ってくることが多い。

⑤ 予備調査とプリテスト

調査を実施する前に、論証戦略や作業仮説を形成するため、その妥当性を確認するため、あるいはどのような選択肢を用意するべきかを把握するために、予備調査を実施することがのぞましい。予備調査は、アンケートではなく、面接による聞き取り調査を実施することも多い。

調査票が完成してからも、調査票の答えやすさ、選択肢の妥当性、質問の順番の妥当性などを確認する。たとえば、「その他」が多い場合は選択肢が適切ではないことを示しているので、選択肢を見直した方がよい。問題が明らかになったら、調査票を修正して本調査を実施する。

6) 第 7 章の課題

練習問題 7.2 で作成した調査設計表に基づき、本章で学んだことを踏まえて、Word で A4 用紙 1 枚程度のアンケート調査票を作成してみよう。

- ・調査票の冒頭に調査名を記す

- ・質問文と選択肢は区別がつきやすいよう書体を変える（質問文はゴシック体、選択肢は明朝体）

- ・選択肢は読みやすいように工夫する

- ・質問の順番には十分配慮する

- ・フェイスシート項目（年齢や性別など）は調査票の末尾につける

- ・最後に調査に対する協力への謝辞「ご協力ありがとうございました」を記そう

- ・「課題 7」というファイル名で保存する

7. 社会調査の基礎

豆知識

統計分析における検定について

本書の分析においては、仮説検定という手法が処々に使われている。その論法は数学の証明法である「背理法」に類似している。これは「A ならば B である」ということを証明する場合、B でないことを正しいと仮定して論じていくと A とは矛盾することが出る。したがって、B でなければならないという証明法である。

第 5 章 3 節に出てきた回帰係数に対する t 値、P 値は検定の考え方に基づいて出されたものである。54 ページの表は、年齢 (説明変数) が年間給与 (被説明変数) を十分に説明しているかを検定した結果である。

この例では、まず仮説「年齢は年間給与を説明できない」(つまり、年齢の回帰係数は 0 である) を正しいものと仮定する。そのもとで、統計的指標である t 値 (検定値という) が計算される。t 値は通常 0 を中心として確率高く起こるもので、0 に近い値ほど信頼性のある現象であると判断できる。逆に絶対値が大きくなる (大まかな目安として $|t| > 2$) ほど P 値が小さくなり、通常は起こりえない異常な状況であることを示すものである。この場合、その原因は仮説を正しいと仮定したことにあるといえ、この仮説が誤っていると主張できる根拠になる。

54 ページの表の結果は、t 値が 5.765 と大きく、P 値が 0.00069 と非常に異常な状況を示しており、年齢の回帰係数が年間給与を説明する役割を果たしていることを表す結果といえる。

また、第 8 章に出てくるカイ 2 乗値は、仮説「実測値が想定したモデルに従う」を正しいと仮定して計算される。この値は大きいほど P 値が小さくなり異常な状況を示す。

このほかに、基礎的な検定に使われる z 値 (正規分布による検定)、F 値 (F 分布による検定) などがある。

8. アンケート調査の集計と分析

1) 調査票の回収とデータの入力およびチェック

① 調査票の回収とチェック

調査票を回収したら、なくならないようにファイリングをしたうえで、赤ペンなどの目立つ色で連番を振る。連番は、おかしなデータが見つかった時に、記入ミスか入力ミスかを確認するときに必要となる。

次に、調査票に記入漏れや記入ミスがないかをチェックする。たとえば、1つだけ選択する問いに対して複数の回答を選択している場合、選択肢のうちどれを選択したかが分かりにくい場合、自由記述欄の字が読みにくい場合などがないかを確認し、可能な範囲で修正する。

数値で答えてもらうような問いの場合、単位にばらつきがあるかも知れない。この場合は、チェックしたものが書き換えたことが分かるよう、色の違うペンなどで修正する。たとえば、時間に関する問いで、1時間半と回答する人と90分と回答する人がいたら、どちらか（例えば90分）に統一する。あるいは、所得に関する問いで、155,000円、15万円5千円、15.5万円のようにばらつきがあった場合は、分析者が処理しやすいよう（たとえば15.5万円）に統一する。このような作業をコーディングという。

回答欄が空欄の場合には非該当と無回答がある。非該当とは、回答する必要がない設問である。たとえば、前問で「はい」と回答した者のみが回答すべき問いは回答する必要がないので非該当となる。もし、非該当のはずなのに回答していた場合は、その回答に赤ペンなどで×を付けるなどして、非該当扱いとする。他方、回答すべき問いに回答されていない場合が無回答である。非該当と無回答が区別できるよう、別々のコードを割り当てる。たとえば、非該当を88、無回答を99とする。回答が数値の場合は、大きめの桁（888と999など）とする。

8. アンケート調査の集計と分析

　また、ほとんどが無回答のもの、明らかにまじめに回答をしていないものなどがあれば、無効票として集計対象から除外する。
　調査票を大量に回収し、複数の調査員によってチェックする場合は、調査員によるぶれがないよう、チェックするポイントやコーディング方法に関するマニュアルを作成するとよい。

② データの入力

　データの入力は、Excel などの表計算ソフトを使おう。新規シートを開き、A 列には連番を入力し、B 列以降に各問の回答を入力するよう、1 行目には設問番号を入力する（図 8-1）。問題文は Q1 …… Q4、フェイスシート項目は F1 …… F3 とした。

図 8-1 データ入力用シート

　データを入力する場合、調査票から直接入力する場合と、事前に入力用の用紙（コーディングシート）に転記してから入力する場合がある。コーディングシートは、入力画面と同じ形式のものを使用する。コーディングシートを使用すると、手間が増えると思うかも知れないが、ページめくりの回数が少ないため、入力効率は高まる。また、コーディングシートと入力画面とが同じなので、入力ミスを発見しやすいともいえる。
　データを入力する際は誤入力に十分注意する。入力中は小まめに保存する。可能であれば、2 人 1 組になり、1 人が回答を読み上げ、もう 1 人が入力画面を確認して読み合わせをし、誤入力を修正するとよい。
　単回答の場合は、各セルに回答番号を数値で入力する。たとえば、問 1 の回答が ② の場合は「2」を入力する。複数回答の場合は、集計ソフトにより望ましい入力方法が異なるが、Excel の場合は複数回答を集計する機能はないので、各選択肢を 1 つの質問項目のように入力すればよい。たとえば、問 2 が複数回答で選択肢が 5 つある場合、入力欄は図 8-2 のようになる。データを入力する際は、問 2 の選択肢 ② に ○ がついていた場合 Q2 ② に「2」を入力する。こうしておくと、入力がずれた場合にチェックできる。② に○がついていない場合は無回答扱いとする。

86

8. アンケート調査の集計と分析

図 8-2 複数回答の入力例

	A	B	C	D	E	F	G
1	No	Q1	Q2①	Q2②	Q2③	Q2④	Q2⑤	Q3
2								

③ データのクリーニング

データ入力が終わったら、集計をする前に入力ミスがないか再度チェックして、誤りを修正する。これをデータ・クリーニングという。例えば、数値が入力されているはずの欄に文字が入力されていないか、選択肢が6つなのに7以上の数値が入力されていないか、非該当項目に入力されていないかなどである。チェックするポイントは調査票によって異なるので、データ・クリーニングをする前に調査票をじっくり検討しよう。

Excel でデータ・クリーニングする際には、フィルター機能を使うとよい。データが入力されているセルをアクティブにした状態で、「ホーム」リボンの「並べ替え/フィルター」ボタンをクリックし、「フィルター」メニューをクリックすると、項目名のセルに ▼ ボタンが表示される。このボタンをクリックすると、列に入力されたデータが表示されるので、この機能でロジックチェックをすることができる。たとえば、問1の選択肢が ① ～ ⑤ なのに 6 以上が入力されていたら入力ミスであるから、原票に戻って正しい回答を確認し、データを訂正する。また、空欄の場合は入力ミスか無回答かを確認する。複数回答の場合は、入力欄がずれていないかどうかを確認する。

フィルター機能は、非該当のチェックにも有効である。たとえば、問2で ⑥ と回答した場合のみ問5を回答するように調査票が設計されている場合、問2のフィルターで「6」のチェックを外して ⑥ 以外を回答したケースだけ抽出し（図 8-3）、問5の回答を非該当「88」と訂正する。その後、「6」だけチェックを入れて ⑥ と回答したケースだけを抽出し、入力エラー等がないかをチェックするとよい。

練習問題 8.1

「アンケートデータ」は、ある大学の PC コーナーの利用実態に関する調査票 (章末添付) を用いて実施した調査の結果を入力したものである。調査票を見ながら、データのクリーニングをしてみよう。なお、本調査票では非該当となる設問はない。無回答は 99 とする。

87

8. アンケート調査の集計と分析

図 8-3 フィルター機能によるデータ抽出の例

2) データの集計

　アンケートデータを集計する際には、一般にはアンケート集計機能のあるソフトウェアを使用する。その代表が SPSS である。ただし、経済系の学部には SPSS が配備されていないこともある。また、SPSS は高価で、学生が個人で購入することは考えにくく、一般企業に導入されていることもあまりない。そこで、本書では Excel を用いてデータの集計を行う。Excel はアンケート集計に適していないが、手間を掛ければ集計できないことはない。以下、ピボットテーブルという機能を使って、アンケートを集計する方法について説明する。

8. アンケート調査の集計と分析

単純集計

アンケート集計の基本は、個々の質問に関する度数分布表を作成し、その構成比を計算することである。これを単純集計という。単純集計は、ピボットテーブル機能で比較的簡単に行うことができる。まず、集計表用のシートを作成する。新規シートを作成し、シート名を「集計表」とする。データシートのデータが入力されている領域（たとえば A1 セル）をアクティブにし、「挿入」タブの「ピボットテーブル」ボタンをクリックすると、データ範囲が点線で囲まれ、「ピボットテーブルの作成」というダイアログが表示される。データ範囲が正しいことを確認し「OK」ボタンをクリックすると、新規シートにピボットテーブルが作成される (図 8-4)。

図 8-4 ピボットテーブルの作成

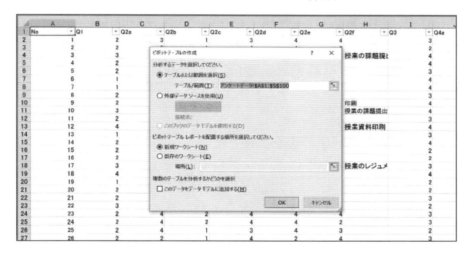

ウィンドウの右端に「ピボットテーブルのフィールド」という作業ウィンドウが表示される。作業ウィンドウの上方には設問番号の一覧が表示され、下方には「フィルター」「列」「行」「Σ値」という欄が表示されている。ここに集計する設問番号をドラッグして集計表を作成する。

No を「Σ値」にドラッグし、右側の ▼ をクリックして「値フィールドの設定」をクリックし、ダイアログを表示させる。「計算方法」が「合計」となっている場合は「データの個数」に変更する。問 1 の集計表を作成するため、フィールド名の Q1 を下方の「列」の欄にドラッグすると、ピボットテーブルに「列ラベル」が表示され、ピボットテーブルに集計された。

8. アンケート調査の集計と分析

　集計表（A4:G5）をコピーし、集計表シートに切り替え、「ホーム」リボンの「貼り付け」ボタン下の ▼ をクリックし、A2 に「値」を貼り付ける。A1 には「問 1　PC スペースの利用頻度」と入力し、A3 は「回答数」、G2 は「合計」とし、4 行には構成比を計算する。2 行目は列の幅が狭いためすべての文字が表示されないので、「セルの書式設定」の「配置」から「折り返して全体を表示する」に設定し、「縦位置」を「上詰め」にし、図 8-5 のように集計表を完成させよう。

図 8-5 問 1 の単純集計表

問1　PCスペースの利用頻度						
	週2回以上	週1回程度	月2〜3回程度	月1回程度	ほとんど利用しない	合計
回答数	16	41	21	9	12	99
	16.2	41.4	21.2	9.1	12.1	100.0

　同様にして、問 2a の単純集計表を作成してみよう。「作業ウィンドウ」下の「列」から Q1 をウィンドウの外にドラッグして削除し、Q2a をドラッグする。集計表をコピーし、集計表シートに貼り付け、必要事項を入力して集計表を完成させる。以下も同様に、問 4 までの回答と回答者の属性についても集計しよう。

集計結果の記述方法
　報告書やレポート、論文などで集計結果を記述する場合には、各表に番号（ex. 表 1、表 2 ……）とタイトルを付け、必要に応じて注を付ける。本文では、はじめに調査票の回収数、有効回答数、有効回答率について述べる。次に、回答者の属性に関する集計結果を確認する。

8. アンケート調査の集計と分析

調査対象者の記述例

調査票の回収数は 104 部で、うち 5 部は無回答が多かったため無効とし、有効回答数は 99、有効回答率は 95.2 % であった。うち、1 年生が 4 人（4.0%）、2 年生が 34 人（34.3%）、3 年生が 48 人（48.5%）、4 年生 13 人（13.1%）であった。性別には、男性が 60 人（60.6%）、女性が 39 人（39.4%）であった。住居については、実家が 74 人（74.8%）、1 人暮らしが 25 人（25.3%）であった。

報告書では、原則として全ての単純集計表を盛り込み、基本的な内容を説明する。説明の順番は、選択肢の順に説明する場合と回答数が多い順に説明する場合の両方がある。選択肢が程度を表す場合は選択肢の順番に説明する方が分かりやすいかもしれないが、順番に関係ない場合は回答の多い順にするとよい。また、細かい数値だけではなく、「6 割」とか「約半数」などの大くくりな表現にする方が直感的に分かりやすくなる場合もある。いずれも、読者が読みやすいように工夫して記述しよう。

集計結果の記述例

PC スペースの利用頻度については、最も多いのが「週 1 回程度」で約 4 割（41.4%）を占める。次に「月 2 ～ 3 回程度」が 21.1%、「週 2 回以上」16.2% と続き、「ほとんど利用しない」は 12.1%、「月 1 回程度」は 9.1 % であった。

クロス集計

複数の質問項目間の関係を示すのがクロス集計である。クロス集計の基本は、回答者の属性（年齢、性別、学歴、職業）と意識や態度との関係を分析することであるが、質問と質問のクロス集計をする場合もある。単純集計と同様、クロス集計もピボットテーブルで集計できる。

まず、クロス集計表用のシートを作成する。新規シートを作成し、シート名を「クロス集計表」とする。問 1 を性別に集計してみよう、ピボットテーブルの作業用ウィンドウ下方の「列」には Q1 、「行」に F2 をドラッグすればクロス集計表が作成できる。これを「クロス集計表」シートの A2 に貼り付け、単純集計表と同様に構成比を計算して表を完成させよう。

91

8. アンケート調査の集計と分析

　図 8-6 によれば、男性は「週 2 回以上」は 23.3%、「週 1 回程度」が 31.7%、「月 2〜3 回程度」が 20.0%、「月 1 回程度」が 11.7%、「ほとんど利用しない」は 13.3% であった。女性はそれぞれ 56.4%、16.2%、23.1%、5.1%、10.3% で、男性の方が利用頻度が高かった。

図 8-6 性別の PC スペース利用頻度

問1　PCスペースの利用頻度（男女別）						
	週2回以上	週1回程度	月2〜3回程度	月1回程度	ほとんど利用しない	合計
男	14	19	12	7	8	60
	23.3	31.7	20.0	11.7	13.3	100.0
女	2	22	9	2	4	39
	5.1	56.4	23.1	5.1	10.3	100.0
合計	16	41	21	9	12	99
	16.2	41.4	21.2	9.1	12.1	100.0

　同様に、住居別の PC スペース利用頻度をみてみよう。実家にいる場合は家族が所有している PC を利用できる可能性が高いが、1 人暮らしの場合は PC を所有せずに PC スペースの利用頻度が高くなるかも知れない。

図 8-7 住居別の PC スペース利用頻度

問1　PCスペースの利用頻度（住居別）						
	週2回以上	週1回程度	月2〜3回程度	月1回程度	ほとんど利用しない	合計
実家	11	31	17	6	9	74
	14.9	41.9	23.0	8.1	12.2	100.0
一人暮らし	5	10	4	3	3	25
	20.0	40.0	16.0	12.0	12.0	100.0
合計	16	41	21	9	12	99
	16.2	41.4	21.2	9.1	12.1	100.0

図 8-7 によれば、実家の者は「週 2 回以上」が 14.9%、「週 1 回程度」が 41.9%、「月 2 ～ 3 回程度」は 23.0%、「月 1 回程度」は 8.1%、「ほとんど利用しない」は 12.2% であった。他方、1 人暮らしの者は、「週 2 回以上」が 20.0%、「週 1 回程度」が 40.0%、「月 2 ～ 3 回程度」は 16.0%、「月 1 回程度」は 9.1%、「ほとんど利用しない」は 12.1% であった。この結果から、実家住まいの者に比べて 1 人暮らしの者の方が PC スペースの利用頻度が高いといえそうである。

なお、ピボットテーブル機能では複数回答のクロス集計はできないので、選択肢ごとに 1 つの設問と同じようにクロス集計を行い、手作業でコピー＆ペーストして 1 つの表にまとめる必要がある。行の合計は回答者数とする。

3) 集計結果の検定

クロス集計の結果が有意な差であるかどうかは、カイ 2 乗（χ^2）統計量で検定する。カイ 2 乗検定は、実測値と期待値の差がどの程度ずれているかを検定する手法である。実測値とは、アンケート結果の実数値である。期待値は以下の式で求められる。これは、各選択肢の回答比率が集団の比率と同じと仮定したときの回答数を示している。

$$期待値 = \frac{列合計 \times 行合計}{回答数}$$

たとえば、男女別の PC の利用状況について考えると、全体の男女比率が $60.6 : 39.4$ なので、性別の利用頻度が同じであれば利用状況もこれと同じ比率になると考えられる。同様に、全体の利用状況はそれぞれ

$$16.2 : 41.4 : 21.2 : 9.1 : 12.1$$

となっているので、実家の者の回答も 1 人暮らしの者の回答も同じ比率になるはずである。これらの値が期待値となる。したがって、男性の「週 2 回以上」の期待値は次式の通りとなる。

$$期待値 = \frac{60 \times 16}{99} = 9.7$$

8. アンケート調査の集計と分析

　実測値と期待値の差は、両者の差の割合を 2 乗した総和で求める。これをカイ 2 乗値という。

$$カイ 2 乗値 = \sum \frac{(実測値 － 期待値)^2}{期待値}$$

カイ 2 乗検定では、カイ 2 乗値と自由度

$$(行数 － 1) \times (列数 － 1)$$

となるデータのカイ 2 乗分布の確率 (P 値) を求める。これは、Excel に用意された CHISQ.TEST 関数で簡単に計算することができる。

　ただし、期待値が 1 つでも 0 になると、ゼロで割ることになるのでカイ 2 乗値を計算することが出来ない。また、この検定は期待値が小さくない場合に適していて、統計学者の中には全ての期待値が 5 以上である必要があると指摘する者もいる。今回の調査結果では、女性の「月 1 回程度」と「ほとんど利用しない」という回答の期待値が 5 を下回っているので、もう少しサンプル数が多い方がいいだろう。

図 8-8 カイ 2 乗検定例

観測値						
	週2回以上	週1回程度	月2〜3回程度	月1回程度	ほとんど利用しない	合計
男	14	19	12	7	8	60
女	2	22	9	2	4	39
合計	16	41	21	9	12	99

期待値					
	週2回以上	週1回程度	月2〜3回程度	月1回程度	ほとんど利用しない
男	9.7	24.8	12.7	5.5	7.3
女	6.3	16.2	8.3	3.5	4.7

P値	0.04499

カイ 2 乗検定を行うには、結果を表示させたいセルに

$$= \text{CHISQ.TEST}(実測値範囲, 期待値範囲)$$

を入力する。上記の例では、結果は 0.04499 (図 8-8) であった。この値が 0.05 以下であれば 5% 以下の確率で 2 つの集団の回答に差があると考えられるから、この場合は有意な差といえそうである。つまり、PC コーナーの利用頻度は男女別に差がある。

4) 第 8 章の課題

アンケートの他の全ての問いについて単純集計表を作成しよう。また、自分の関心のある設問について学年別、性別、住居別の違いがあるかどうか確認し、差の検定を行ってみよう。

- ・全ての問いについての単純集計表を作成する
- ・分析として意義のありそうな設問またはフェイスシート項目でクロス集計を行い、クロス集計表を作成する
- ・観測値と期待値の表を作成し、カイ 2 乗検定を行う
- ・「課題 8」というファイル名で保存して提出用フォルダにコピーする

5) 統計学からの補足

8.3 節で用いられた分析は**独立性の検定**という手法である。2 つの因子 (行因子、列因子) の組合せで起こる現象を観察することにより、2 因子に関連性があるか否かを統計的に分析するものである。行因子は横の並びで、列因子は縦の並びである。

独立性

8.3 節で使われた式は次のように解釈できる。

$$期待値 = \frac{列合計 \times 行合計}{回答数} = 回答数 \times \frac{列合計}{回答数} \times \frac{行合計}{回答数}$$

ここで、$\dfrac{行合計}{回答数}$、$\dfrac{列合計}{回答数}$ はそれぞれ行因子、列因子の割合である。

すなわち、行因子と列因子の独立性はそれぞれの割合の積である。

独立性の検定

　対象となる行と列の 2 つの因子に関連性がない (独立である) ことを仮定して、因子間のすべての組合せに対する期待値を独立モデルとする。

　このモデルと観測値 (実測値) 全体との統計的距離が

$$\text{カイ 2 乗値} = \sum \frac{(\text{実測値} - \text{期待値})^2}{\text{期待値}}$$

であり、この値が大きいほど P 値は小さくなり独立性が疑われることになる。この検定による代表的な分析例は次の 2 つである。

・行因子の項目間に列因子項目に対する差異があるか

　　この場合、2 因子に差異がないことが独立になる

　　8.3 節で扱った分析はこの例になる

・行因子の項目が列因子項目差を引き起こす原因となるか

　　この場合、列因子が原因でないことが独立ということである

　　例えば、行因子を個人の運動状況の違いを表す項目、列因子が体力の状況を表す項目である場合、独立性の検定により運動状況が体力の差を引き起こす原因になりうるかを分析できる

8. アンケート調査の集計と分析

ＰＣスペースの利用実態に関するアンケート

この調査は経済学部のＰＣスペースの利用実態に関するアンケートです。以下の質問にお答えください。

問1　ＰＣスペースをどのくらい利用しますか。当てはまるもの1つに〇をつけてください。

① 週2回以上	② 週1回程度	③ 月2～3回程度
④ 月1回程度	⑤ ほとんど利用しない	

問2　どのような目的で利用しますか。①から④のいずれか1つに〇をつけてください。

	よく利用する	ときどき利用する	あまり利用しない	利用しない
a）ゼミの資料作成・印刷	①	②	③	④
b）授業の資料作成・印刷	①	②	③	④
c）就職活動	①	②	③	④
d）サークル資料作成・印刷	①	②	③	④
e）上記以外の情報収集	①	②	③	④
f）その他（具体的にお書き下さい： 　　　　　　　　　　　　　　　　　　　　　　　　　　　　）

問3　ＰＣスペースは利用しやすいと感じますか。①から④のいずれか1つに〇をつけてください。

①非常に利用しやすい	②利用しやすい	③利用しにくい	④非常に利用しにくい

問4　ＰＣスペースについて改善して欲しいことはありますか。①から④のいずれか1つに〇をつけてください。

	非常にそう思う	そう思う	あまりそう思わない	そう思わない
a）ＰＣ台数の増加	①	②	③	④
b）ＰＣの性能向上	①	②	③	④
c）作業スペースの拡大	①	②	③	④
d）グループ学習スペースの確保	①	②	③	④
e）明るく開放的に	①	②	③	④
f）静かに	①	②	③	④
g）その他（具体的にお書き下さい： 　　　　　　　　　　　　　　　　　　　　　　　　　　　）

あなたご自身についてお答え下さい

学年：　　　　　年	性別：　①男　・②女	住まい：　①実家　・　②1人暮らし

質問は以上です。ご協力ありがとうございました。

参考文献

第 2 章

田中勝人『経済統計　第 3 版』岩波書店、2009 年

第 6 章

宇南山卓「少子高齢化対策と女性の就業について　－都道府県別データから分かること－」RIETI Discussion Paper Series 10-J004、

第 7 章

大谷信介・木下栄二・後藤範章・小松洋『新・社会調査へのアプローチ』ミネルヴァ書房、2013 年

盛山和夫『社会調査法入門』有斐閣、2004 年

第 2, 4, 5, 6, 8 章 統計学からの補足

大澤秀雄『新・基礎から学ぶ統計学』梓出版社、2011 年

　　同　　『統計学ノオト』三惠社、2019 年

[執筆者]　村上 英吾　日本大学経済学部教授
　　　　　井尻 直彦　日本大学経済学部教授
　　　　　大澤 秀雄　日本大学経済学部特任教授

経済分析入門

2017 年 4 月 10 日　　　第 1 刷発行
2021 年 4 月 10 日　　　第 2 刷発行

　　　　　著　者　村　上　英　吾
　　　　　　　　　井　尻　直　彦
　　　　　　　　　大　澤　秀　雄
　　　　　発行者　本　谷　高　哲
　　　　　印　刷　シ ナ ノ 書 籍 印 刷
　　　　　　　　　東京都 豊島区 池袋 4-32-8
　≪無断複写 , 転写を禁ず≫

　　　　　発 行 社　梓　出　版　社
　　　　　　　　　千葉県松戸市新松戸 7–65
　　　　　　　　　電話・FAX 047(344)8118

乱丁・落丁本はお取り替えいたします.　ISBN 978-4-87262-441-0 C3033